AF824443

INMAN LEARNING PRESENTS

Mandarin Chinese for Law

Inman Learning
Inman Learning is committed to its readers.
We connect people with the right words.™
www.inmanlearning.com

Published in Hong Kong.
ISBN: 978-988-75190-8-9

The Next Evolution

Our previous book *Mandarin Chinese for Business* was a collection of intermediate-level phrases, key terms and concepts for business communications. It was a practioner's guide.

We published that book because of China's growing role on the global economic stage. Today, the country presents a rich opportunity to sell to new markets, to invest in emerging technologies and to hire from a population of young and well-educated talent. We think that as commercial opportunities in China develop, so too will the legal frameworks that govern them.

Our new book *Mandarin Chinese for Law* is the next evolution. It builds on our previous work. Our belief is that the highly successful business person will also have a strong grasp of commercial law.

Part 1 of this book contains English-Mandarin Chinese templates for a variety of legal contracts – Confidentiality Agreements, Service Agreements and Franchise Agreements, just to name a few. Part 2 provides an overview of key legal phrases in Mandarin Chinese. Part 3 is a review on reading and pronunciation which we also covered in our previous book. Finally we provide an updated glossary on legal, financial, and economic terms at the end.

Use this book well. It will equip you with the tools to thrive.

Disclaimer

The information contained in this book is for general information purposes only. It does not constitute professional advice, whether legal or otherwise. It does not purport to be accurate, adequate, current, reliable or comprehensive.

You should exercise and rely solely on your own skill and judgment in your use of the information in this book. In addition, you should seek legal or other professional advice before acting or relying on any of the information in this book.

Contents

Quick Legal Phrases

We have provided you with a list of *Quick Legal Phrases*. Our experience is that the following come up frequently during interactions with clients and colleagues. You may find yourself regularly using these phrases, hence their placement here.

Our practice is to also include key vocabulary before introducing new contracts, topics and conversations.

Key Vocabulary	Characters	Pinyin
Company	公司	Gōngsī
Partner	合伙人	Huǒbàn
Counsel	顾问律师	Gùwèn lǜshī
Associate (lawyer)	律师	Lǜshī
Term Sheet	条款清单	Tiáokuǎn qīngdān
Business opportunities	商业机会	Shāngyè jīhuì
Market trends	市场趋势	Shìchǎng qūshì
Escrow account	托管帐户	Tuōguǎn zhànghù
Contract	合同	Hétóng
A law	法规 / 法例	Fǎguī/ fǎlì
Evidence	证据	Zhèngjù
Claimant	原告人	Yuángào rén
Certified documents	被证明的	Bèi zhèngmíng de

Common law	判例法、习惯法、普通法	Pànlì fǎ / xíguàn fǎ / pǔtōng fǎ
Civil law	民法	Mínfǎ
Non-disclosure agreement (NDA)	保密协议	Bǎomì xiéyì

Hello, I would like to introduce myself

你好, 我想介绍一下自己 (Nǐ hǎo, wǒ xiǎng jièshào yīxià zìjǐ)

I am a Partner / Counsel / Associate at our law firm

我是我们律师事务所的合伙人 / 顾问律师 / 律师 (Wǒ shì wǒmen lǜshī shìwù suǒ de héhuǒ rén/ gùwèn lǜshī/ lǜshī.)

Could you please send a term sheet? We expect there to be an exclusivity period for negotiations.

你能给我一份条款清单吗. 我们希望有一个排他性条款 (Nǐ néng gěi wǒ yī fèn tiáokuǎn qīngdān ma. Wǒmen xīwàng yǒu yīgè páitāxìng tiáokuǎn)

The commercial terms in the term sheet are not legally binding.

条款清单中的商业条款不具有法律约束力 (Tiáokuǎn qīngdān zhōng de shāngyè tiáokuǎn bù jùyǒu fǎlǜ yuēshù lì)

What is the estimated closing date of of the transaction?

交易的预计达成日期是什么时候? (Jiāoyì de yùjì dáchéng rìqí shì shénme shíhòu)

Please provide us with a first draft of the contract.

请给我们一份合同初稿 (Qǐng gěi wǒmen yī fèn hétóng chūgǎo)

The contract will be governed by the laws of New York. This is a common law jurisdiction.

本合同将受纽约法律管辖。这是一个普通法系法管辖区 (Běn hétóng jiāng shòu niǔyuē fǎlǜ guǎnxiá. Zhè shì yīgè pǔtōng fǎ xì fǎ guǎnxiá qū.)

We will send you the certified documents.

我们将向您发送经过认证的文件 (Wǒmen jiāng xiàng nín fāsòng jīngguò rènzhèng de wénjiàn.)

What evidence is the claimant relying on?

原告人依赖什么证据？(Yuángào rén yīlài shénme zhèngjù)

We should sign a Non-Disclosure Agreement (NDA) before disclosing any information.

应该在披露信息之前，签署一份保密协议 (Yīnggāi zài pīlù xìnxī zhīqián, qiānshǔ yī fèn bǎomì xiéyì)

Our client cannot proceed with the performance of the contract unless with approval from their committee.

除非得到他们的委员会的批准，否则我们的客户不能继续履行合同 (Chúfēi děi dào tāmen de wěiyuánhuì de pīzhǔn, fǒuzé wǒmen de kèhù bùnéng jìxù lǚxíng hétóng)

Given recent trends in the market, we recommend acquiring this company

由于最近的市场趋势，我们建议购买这家公司 (Yóuyú zuìjìn de shìchǎng qūshì, wǒmen jiànyì gòumǎi zhè jiā gōngsī)

We need you to transfer 2 million into the company escrow account

我们需要您将 200 万转入公司托管账户 (Wǒmen xūyào nín jiāng 200 wàn zhuǎn rù gōngsī tuōguǎn zhànghù)

We hope to collaborate on business opportunities, look forward to hearing from you soon.

希望我们有合作商业机会，并静候您的佳音 (Xī wàng wǒ men yǒu hé zuò shāngyè jīhuì，bìng jìng hòu nín de jiā yī)

Thank you for your time and consideration.

感谢您的时间和考虑 (Gǎnxiè nín de shíjiān hé kǎolǜ)

Part I – Drafting Contracts

Drafting and reviewing contracts is a critical aspect of working in the legal industry. Attorneys typically use standard templates to produce full size agreements which are then deployed by clients. The advantage in using standard templates is that they usually contain pre-vetted language which makes drafting quicker and more cost-effective.

Confidentiality Agreements, Service Agreements and Legal Due Diligence checklists are highly utilized in the corporate environment which is why we include their key provisions here, in both English and Mandarin Chinese.

Confidentiality Agreements 机密协议 (Jīmì xiéyì)

Confidentiality Agreements (also known as Non-Disclosure Agreements) are useful where any party needs to protect certain information. The exact nature of the confidential information is not described so that the confidential information is not revealed in the contract itself.

This section provides the basic elements of a Confidentiality Agreement.

Terms	Characters	Pinyin
Confidentiality agreement	机密协议	Jīmì xiéyì
Disclose	披露	Pīlù
Disclosing Party	披露方	Pīlù fāng
Confidential Information	机密信息	Jīmì xìnxī
Receiving Party	接收方	Jiēshōu fāng

Arbitration 仲裁 Zhòngcái

Background 背景 (Bèijǐng)

1. This is a confidentiality agreement between our company and your company. 这是我们公司与您公司之间的机密协议。

    - *(Zhè shì wǒmen gōngsī yǔ nín gōngsī zhī jiān de jīmì xiéyì)*

2. The parties are willing to disclose to one another confidential and proprietary information in connection with the project. 双方愿意就该项目相互披露机密和专有信息。

    - *(Shuāngfāng yuànyì jiù gāi xiàngmù xiānghù pīlù jīmì hé zhuān yǒu xìnxī.)*

3. In order to protect the confidentiality of information, the parties desire to impose restrictions on its use and further dissemination according to the terms and conditions set forth in this agreement. 为保护此信息的机密性，各方希望根据协议中规定的条款和条件对信息的使用和进一步传播施加限制。

    - *(Wèi bǎohù cǐ xìnxī de jīmì xìng, gè fāng xīwàng gēnjù xiéyì zhōng guīdìng de tiáokuǎn hé tiáojiàn duì xìnxī de shǐyòng hé jìnyībù chuánbò shījiā xiànzhì.)*

4. Accordingly the parties intend to be legally bound. 因此，双方打算受到法律约束。

    - *(Yīncǐ, shuāngfāng dǎsuàn shòudào fǎlǜ yuēshù.)*

Agreement 协议 (Xiéyì)

5. Confidential information means all confidential or proprietary information, documents in connection with the agreement, including but not limited to hardware, software, inventions, trade secrets, quantitative and qualitative information, financial and commercial information. 机密信息是指与协议有关的所有机密或专有信息，文件，包括但不限于硬件，软件，发明，商业秘密，数量和质量信息，财务和商业信息以及所有其他专有和无形权利。

    - *(Jīmì xìnxī shì zhǐ yǔ xiéyì yǒuguān de suǒyǒu jīmì huò zhuān yǒu xìnxī, wénjiàn, bāokuò dàn bù xiànyú yìngjiàn, ruǎnjiàn, fāmíng, shāngyè mìmì, shùliàng hé zhìliàng xìnxī, cáiwù hé shāngyè xìnxī yǐjí suǒyǒu qítā zhuān yǒu hé wúxíng quánlì)*

6. Confidential Information shall not include information that: 机密信息不包括以下信息：

    - *(Jīmì xìnxī bù bāokuò yǐxià xìnxī)*

    I. is or was obtained by the Receiving Party from a third party which was or is lawfully in possession of such information and not in violation of any contractual or legal obligation to the Disclosing Party or other third party with respect to such information; 接收方从或已经从第三方合法获得或合法拥有的信息，而不违反对披露方或其他方的任何合同或法律义务有关此类信息

        - *(Jiēshōu fāng cóng huò yǐjīng cóng dì sānfāng héfǎ huòdé huò héfǎ yǒngyǒu de xìnxī, ér bù wéifǎn duì pīlù fāng huò qítā fāng de rènhé hétóng huò fǎlǜ yìwù yǒuguān cǐ lèi xìnxī)*

II. is or becomes part of the public domain through no fault of the receiving party or its representatives 不受接收方或其代表的过错进入公共领域的信息；

- *(Bù shòu jiēshōu fāng huò qí dàibiǎo de guòcuò jìnrù gōnggòng lǐngyù de xìnxī)*

III. was or is independently ascertained by the Receiving Party without use or access to Confidential Information; or 接收方在未使用或访问机密信息独立确定的信息； 或

- *(Jiēshōu fāng zài wèi shǐyòng huò fǎngwèn jīmì xìnxī dúlì quèdìng de xìnxī; huò)*

IV. is approved for disclosure by written authorization of the Disclosing Party. 经披露方书面授权批准披露的信息。

- *(Jīng pīlù fāng shūmiàn shòuquán pīzhǔn pīlù de xìnxī.)*

7. Disclosing Party means the party disclosing Confidential Information to the other party. 披露方指向另一方披露机密信息的一方。

    - *(Pīlù fāng zhǐxiàng lìng yīfāng pīlù jīmì xìnxī de yīfāng.)*

8. The Receiving Party means the party receiving Confidential Information from the other party. 接收方指另一方接收机密信息的一方。

    - *(Jiēshōu fāng zhǐ lìng yīfāng jiēshōu jīmì xìnxī de yīfāng)*

9. Representatives refers to the directors, officers, employees, consultants and agents of the Receiving Party and its affiliates.

代表指接收方及其关联公司的董事，高级职员，员工，顾问和代理。

- *(Dàibiǎo zhǐ jiēshōu fāng jí qí guānlián gōngsī de dǒngshì, gāojí zhíyuán, yuángōng, gùwèn hé dàilǐ.)*

Duty of Confidential Treatment and Non-Disclosure 保密处理和不披露的义务 (Bǎomì chǔlǐ hé bù pīlù de yìwù)

10. The Confidential Information will be kept confidential for a period of [five years] from the date such item of Confidential Information is first disclosed. 机密信息首次披露之日起，将被保密[五年]。

    - *(Jīmì xìnxī shǒucì pīlù zhī rì qǐ, jiāng bèi bǎomì [wǔ nián].)*

11. Neither the Receiving Party nor any of its Representatives shall without the prior written consent of the Disclosing Party, disclose the Confidential Information, in whole or in part, in any manner whatsoever. 未经披露方的事先书面同意，接收方或其任何代表不得以任何方式披露全部或部分机密信息。

    - *(Wèi jīng pīlù fāng de shìxiān shūmiàn tóngyì, jiēshōu fāng huò qí rènhé dàibiǎo bùdé yǐ rènhé fāngshì pīlù quánbù huò bùfèn jīmì xìnxī.)*

12. The Receiving Party shall not disclose Confidential Information to any person or entity except that the Receiving Party may disclose Confidential Information to its Representatives on a need-to-know basis in order to carry out their duties in connection with the purpose. 接收方不得将机密信息透露给任何人或实体，除非接收方可以在需要了解的基础上向其代表透露机密信息，以执行其与目的有关的职责。

- *(Jiēshōu fāng bùdé jiāng jīmì xìnxī tòulù gěi rènhé rén huò shítǐ, chúfēi jiēshōu fāng kěyǐ zài xūyào liǎojiě de jīchǔ shàng xiàng qí dàibiǎo tòulù jīmì xìnxī, yǐ zhíxíng qí yǔ mùdì yǒuguān de zhízé.)*

13. The Receiving Party shall be responsible for any breach of this Agreement by its Representatives. 接收方应对其代表违反本协议的行为负责。

    - *(Jiēshōu fāng yìngduì qí dàibiǎo wéifǎn běn xiéyì de xíngwéi fùzé.)*

<u>Permitted disclosure under legal process 合法程序允许的披露 (Héfǎ chéngxù yǔnxǔ de pīlù)</u>

14. If the Receiving Party or anyone to whom it transmits Confidential Information to is required to disclose any Confidential Information, by administrative order or judicial action (including without limitation by deposition, interrogatory, request for information in legal proceedings, subpoena, civil investigative demand, order, statute, rule), the Receiving Party, if legally permitted, shall promptly notify the Disclosing Party of such action to give the Disclosing Party the opportunity to seek legal remedy for the purpose of maintaining the Confidential Information in confidence.如果接收方或其向其发送机密信息的任何人需要通过行政命令或司法行动（包括但不限于通过交存，讯问，在法律程序中要求提供信息，传票，民事调查要求，命令）披露任何机密信息 ，法规，规则，应立即将此类行为通知披露方，以使披露方有机会寻求法律补救，以保持机密信息的机密性。

    - *(Rúguǒ jiēshōu fāng huò qí xiàng qí fāsòng jīmì xìnxī de rènhé rén xūyào tōngguò xíngzhèng mìnglìng huò sīfǎ xíngdòng (bāokuò dàn bù xiànyú tōngguò jiāo cún, xùnwèn, zài fǎlǜ chéngxù zhòng yāoqiú tígōng xìnxī, chuánpiào, mínshì diàochá yāoqiú, mìnglìng) pīlù rènhé jīmì xìnxī, fǎguī, guīzé, yīng lìjí jiāng cǐ lèi xíngwéi tōngzhī pīlù fāng, yǐ shǐ pīlù fāng yǒu jīhuì xúnqiú fǎlǜ bǔjiù, yǐ bǎochí jīmì xìnxī de jīmì xìng.)*

Breach of Contract. 违约 (Wéiyuē)

15. The party in breach of any obligations under this Agreement shall be liable for any and all loss suffered by and/or damage caused to the other party pursuant to, arising from, in relation to, and/or in connection with such breach. 任何违反本协议项下合同义务的一方应对由于或产生于该违约行为，或与该违约行为相关或相联系的，对另一方造成的任何及全部损害承担责任。

    - *(Rènhé wéifǎn běn xiéyì xiàng xià hétóng yìwù de yīfāng yìngduì yóuyú huò chǎnshēng yú gāi wéiyuē xíngwéi, huò yǔ gāi wéiyuē xíngwéi xiāngguān huò xiāng liánxì de, duì lìng yīfāng zàochéng de rènhé jí quánbù sǔnhài chéngdān zérèn)*

Services Agreement 服务协议 (Fúwù xiéyì)

A Services Agreement outlines the scope of work between a service provider and a client. This template is currently used to instruct a service provider (like an attorney) to review a sale and purchase agreement. Nevertheless, the core items to a Services Agreement are all provided here in Chinese so that you customize to outline other services.

Terms	Characters	Pinyin
Due diligence	尽职调查	Jìnzhí diàochá
(First) Instalment	(首)筆	(Shǒu) bǐ
Review	审查	Shěnchá
Services Agreement	服务协议	Fúwù xiéyì

Amend 修改 Xiūgǎi

Background 背景 (Bèijǐng)

This Services Agreement is signed and entered into on 5 February 2022 between the following: 本服务协议由下列双方于 2022 年 2 月 5 日签署:

- *(Běn fúwù xiéyì yóu xiàliè shuāngfāng yú 2022 nián 2 yuè 5 rì qiānshǔ)*

Party A: [ ]
甲方 (Jiǎ fāng)

Legal Representative: [ ]
法定代表人 *(Fǎdìng dàibiǎo rén)*

Domicile: [ ]
住所 (Zhùsuǒ)

Telephone: [ ]
联系电话 *(Liánxì diànhuà)*

Party B: [ ]
甲方 (Jiǎ fāng)

Legal Representative: [ ]
法定代表人 *(Fǎdìng dàibiǎo rén)*

Domicile: [ ]
住所 (Zhùsuǒ)

Telephone: [ ]
联系电话 *(Liánxì diànhuà)*

Scope of Services 服务范围 (Fúwù fànwéi)

Party B, according to this Agreement, agrees to provide Party A with the following services: 乙方根据本协议同意向甲方提供以下服务:

- *(Yǐfāng gēnjù běn xiéyì tóngyì xiàng jiǎ fāng tígōng yǐxià fúwù)*

Item	Amount (US$)	Time of completion
Due diligence (first instalment) 尽职调查 (首筆) (Jìnzhí diàochá (shǒu bǐ))	$8,000 八千美元 (Bāqiān měiyuán)	Before August 1, 2021 2021 年 8 月 1 日之前 (Èr líng èryī nián bā yuè yī rì zhīqián)
Due Diligence (second instalment) 尽职调查 (第二筆) (Jìnzhí diàochá (dì èr bǐ))	$8,000 八千美元 (Bāqiān měiyuán)	Before October 1, 2021 2021 年 10 月 1 日之前 (Èr líng èryī nián shí yuè yī rì zhīqián)
Review of service agreement 审查买卖协议 (Shěnchá mǎimài xiéyì)	$12,000 一万二千美元 (Yī wàn èrqiān měiyuán)	Before December 15, 2021 2021 年 12 月 15 日之前 (Èr líng èryī nián shí'èr yuè shíwǔbā rì

		zhīqián)
Amend service agreement 修改买卖协议 (Xiūgǎi mǎimài xiéyì)	$6,000 六千 (Liùqiān)	3 weeks after review of service agreement 审核买卖协议 后三周 (Shěnhé mǎimài xiéyì hòu sān zhōu)
Total 共计 (Gòngjì)	$34,000 三万四千 (Sān wàn sìqiān)	

Party B shall not subcontract any services under this Agreement unless with Party A's prior written permission. 乙方不得分包本协议项下的任何服务除非事先得到甲方书面许可。

- *(Yǐfāng bùdé fēn bāo běn xiéyì xiàng xià de rènhé fúwù chúfei shìxiān dédào jiǎ fāng shūmiàn xǔkě)*

Party B shall strictly comply with the delivery date or schedule as agreed herein regarding the specific services. 乙方应严格遵守双方就具体服务项目约定交付日期或进度表。

- *(Yǐfang yīng yángé zūnshǒu shuāngfāng jiù jùtǐ fúwù xiàngmù yuēdìng jiāofù rìqí huò jìndù biǎo)*

Duration of Agreement 协议期限 (Xiéyì qíxiàn)

This Agreement shall be effective as of the date of execution by the Parties. Upon mutual agreement in writing, the term of this

Agreement can be extended.本协议自双方签署之日起生效。 经双方书面同意，本协议的期限可以延长。

- *(Běn xiéyì zì shuāngfāng qiānshǔ zhī rì qǐ shēngxiào. Jīng shuāngfāng shūmiàn tóngyì, běn xiéyì de qíxiàn kěyǐ yáncháng.)*

Franchise Agreement 特许经营协议 (Tèxǔ jīngyíng xiéyì)

Franchising to a third party is one way to expand. The franchisee is granted a right from the franchisor to access the marketing expertise, trademarks and products of an existing business. In our experience, foreign franchising in China is a growing practice given the gradual removal of legal restrictions on foreign investment. We provide you with a basic template in Chinese.

Terms	Characters	Pinyin
Party A	甲方	Jiǎ fāng
Party B	乙方	Yǐfāng
Standard terms and conditions	标准条款和条件	Biāozhǔn tiáokuǎn hé tiáojiàn
Merchandise	商品	Shāngpǐn
Products	产品	Chǎnpǐn
Channels of distribution	经售渠道	Jīng shòu qúdào
Sublicense	分授权	Fēn shòuquán
Sublease	转租	Zhuǎn zū
Subcontract	分包	Fēn bāo
Pre-approved locations	预先批准的地点	Yùxiān pīzhǔn dì dìdiǎn

Licensed stores	特许商店	Tèxǔ shāngdiàn
Revenues	收入	Shōurù
Profits	利润	Lìrùn
Exclusive rights	独家经营权	Dújiā jīngyíng quán
Brand image	品牌形象	Pǐnpái xíngxiàng
Press release	新闻发布	Xīnwén fābù
Announcement	公告	Gōnggào
Applicable law	适用法律要求	Shìyòng fǎlǜ yāoqiú

1. Subject to the terms and conditions set forth in the standard terms, Party A grants Party B and Party B accepts the right, license and obligation during the term to develop and operate during the term, at pre-approved locations, licensed stores using and displaying the marks and using the standards, specializing in the sale of branded merchandise. 受限于标准条款和条件的情况下，甲方授予乙方，乙方应在此期间接受乙方的权利，许可和义务，以在预先批准的地点开发和经营使用并展示专门销售品牌的商品。

    - *(Shòu xiàn yú biāozhǔn tiáokuǎn hé tiáojiàn de qíngkuàng xià, jiǎ fāng shòuyǔ yǐfāng, yǐfāng yīng zài cǐ qí jiàn jiēshòu yǐfāng de quánlì, xǔkě hé yìwù, yǐ zài yùxiān pīzhǔn dì dìdiǎn kāifā hé jīngyíng shǐyòng bìng zhǎnshì zhuanmén xiāoshòu pǐnpái de shāngpǐn.)*

2. Except as otherwise provided for in this Agreeement, this license does not include the right to sell merchandise or other products through any other channels of distribution, including telephone, mail order, the internet. 除本协议另有规定外，本许

可不包括通过任何其他经售渠道（包括电话，邮购，互联网）销售商品或其他产品的权利

- *(Chú běn xiéyì lìng yǒu guīdìng wài, běn xǔkě bù bāokuò tōngguò rènhé qítā jīng shòu qúdào (bāokuò diànhuà, yóugòu, hùliánwǎng) xiāoshòu shāngpǐn huò qítā chǎnpǐn de quánlì.)*

3. Party B shall not be permitted to sublicense, sublease or subcontract any of its rights or obligations under this Agreement or enter any management agreement providing the right to operates stores to sell merchandise. 乙方不得分授权, 转租或分包其在本协议项下的任何权利或义务，或不得签订提供经营商店销售商品权的任何管理协议。

   - *(Yǐfāng bùdé fēn shòuquán, zhuǎn zū huò fēn bāo qí zài běn xiéyì xiàng xià de rènhé quánlì huò yìwù, huò bùdé qiāndìng tígōng jīngyíng shāngdiàn xiāoshòu shāngpǐn quán de rènhé guǎnlǐ xiéyì.)*

4. The submission of this Agreement does not constitute an offer and this Agreement shall become effective only upon Party A receiving a signed copy of these standard terms from Party B and Party A countersigns them. 提交本协议并不构成要约，本协议仅在甲方收到乙方签署的这些标准条款的签字副本且甲方在其上签字后生效。

   - *(Tíjiāo běn xiéyì bìng bù gòuchéng yāoyuē, běn xiéyì jǐn zài jiǎ fāng shōu dào yǐfāng qiānshǔ de zhèxiē biāozhǔn tiáokuǎn de qiānzì fùběn qiě jiǎ fāng zài qí shàng qiānzì hòu shēngxiào.)*

5. The term of this Agreement shall commence on the Effective Date and shall expire on the Expiration Date, unless terminated sooner in accordance with this Agreement. The Parties may agree to renew this Agreement upon the expiration of the term. 本协议的期限應於生效日期开始，至到

期日终止，除非按照本协议提前终止。 双方可以在期限 时同意续签本协议。

- *(Běn xiéyì de qíxiàn yīng yú shēngxiào rìqí kāishǐ, zhì dào qí rì zhōngzhǐ, chúfēi ànzhào běn xiéyì tíqián zhōngzhǐ. Shuāngfāng kěyǐ zài qíxiàn shí tóngyì xùqiān běn xiéyì.)*

6. Party B shall use best efforts to identify appropriate locations for the establishment of licensed stores, with each location to be pre-approved by Party A. 乙方应尽最大努力确定合适的地场，以建立特许商店，且每个地场均应由甲方预先批准。

    - *(Yǐfāng yīng jǐn zuìdà nǔlì quèdìng héshì dì dì chǎng, yǐ jiànlì tèxǔ shāngdiàn, qiě měi gè de chǎng jūn yīng yóu jiǎ fāng yùxiān pīzhǔn.)*

7. Party B shall operate each licensed store in a manner to optimize revenues and protect the premium brand position of Party A. Party B express acknowledges that Party A does not represent, warrant or guarantee that any licensed store will achieve a certain minimum level of revenues or profits. 乙方应以优化收入和保护甲方优质品牌地位的方式, 尽力经营每家特许商店。乙方明确确定并同意，甲方不代表，保证或担保任何许可商店将达到一定的最低收入水平或 利润。

    - *(Yǐfāng yīng yǐ yōuhuà shōurù hé bǎohù jiǎ fāng yōuzhì pǐnpái dìwèi de fāngshì, jìnlì jīngyíng měi jiā tèxǔ shāngdiàn. Yǐfāng míngquè quèdìng bìng tóngyì, jiǎ fāng bù dàibiǎo, bǎozhèng huò dānbǎo rènhé xǔkě shāngdiàn jiāng dádào yīdìng de zuìdī shōurù shuǐpíng huò lìrùn.)*

8. Party A does not grant Party B with any exclusive rights within the United States of America. 甲方未授予乙方在美国境内的任何独家经营权

- *(Jiǎ fāng wèi shòuyǔ yǐfāng zài měiguó jìngnèi de rènhé dújiā jīngyíng quán)*

9. Party A shall have complete control and sole discretion over its brand image exhibited in the licensed stores. Party A may direct Party B to modify its operations or marketing to comply with Party A's brand standards. 甲方在特许商店中展示的品牌形象拥有完全的控制权和全权酌处权。甲方可以指示乙方修改其运营或市场营销，以符合甲方的品牌标准。

    - *(Jiǎ fāng zài tèxǔ shāngdiàn zhōng zhǎnshì de pǐnpái xíngxiàng yǒngyǒu wánquán de kòngzhì quán hé quánquán zhuó chǔ quán. Jiǎ fāng kěyǐ zhǐshì yǐfāng xiūgǎi qí yùnyíng huò shìchǎng yíngxiāo, yǐ fúhé jiǎ fāng de pǐnpái biāozhǔn.)*

10. Party B shall obtain and maintain at all times during the term, insurance coverage in the types and the minimum amounts of coverage set forth in Exhibit A. 乙方应在有效期内的任何时间投保并维持附件 A 所列类型和最低承保金额的保险

    - *(Yǐfāng yīng zài yǒuxiàoqí nèi de rènhé shíjiān tóubǎo bìng wéichí fùjiàn A suǒ liè lèixíng hé zuìdī chéngbǎo jīn'é de bǎoxiǎn)*

11. Party B shall in English, in the form and manner specified by Party B, but in no event later than every six months during the term, submit to Party such financial, operational and statistical information as Party A may require from time to time. 乙方应在有效期内, 按照甲方规定的形式和方式但在任何情况下，不得迟于六个月, 使用英文向甲方提交甲方可能不时要求的财务，经营和统计信息.

    - *(Yǐfāng yīng zài yǒuxiàoqí nèi, ànzhào jiǎ fāng guīdìng de xíngshì hé fāngshì dàn zài rènhé qíngkuàng xià, bùdé chí yú liù gè yuè, shǐyòng yīngwén xiàng jiǎ fāng tíjiāo jiǎ fāng kěnéng bùshí yāoqiú de cáiwù, jīngyíng hé tǒngjì xìnxī.)*

12. Unless required by applicable law, no public communication, press release or announcement regarding this Agreement, the transactons contemplated thereby or the operation of the licensed store without the prior written consent of Party A. 除非适用法律要求，未经甲方事先书面同意，不得就本协议、由此预期的交易或特许商店的运营进行公开交流、新闻发布或公告。

    - *(Chúfēi shìyòng fǎlǜ yāoqiú, wèi jīng jiǎ fāng shìxiān shūmiàn tóngyì, bùdé jiù běn xiéyì, yóu cǐ yùqí de jiāoyì huò tèxǔ shāngdiàn de yùnyíng jìnxíng gōngkāi jiāoliú, xīnwén fābù huò gōnggào.)*

Offer of Employment 聘用通知书 (Pìnyòng tōngzhī shū)

As a business grows, so will its talent pool. Our Offer of Employment sets out key provisions that lets companies attract, hire and retain both English and Chinese-speaking talent.

Terms	Characters	Pinyin
Employee	员工	Yuángōng
Employer	雇主	Gùzhǔ
Company	公司	Gōngsī
Term of employment contract	劳动合同条款	Láodòng hétóng tiáokuǎn
Date of commencement of service	服務年限起算日	Fúwù niánxiàn qǐsuàn rì
Probation period	试用期	Shìyòng qí
Work place	工作地点	Gōngzuò dìdiǎn
Position	职位	Zhíwèi
Monthly pre-tax salary	税前月基本工資	Shuì qián yuè jīběn gōngzī
Monthly pre-tax benefits	税前月基本津贴	Shuì qián yuè jīběn jīntiē
Target bonus	目标奖金	Mùbiāo jiǎngjīn

Sign-on bonus	签约奖金	Qiānyuē jiǎngjīn
Key policies	主要政策	Zhǔyào zhèngcè

1. Following our discussions, we are pleased to offer you a full time position as a *lawyer* at our company. 经过我们的讨论，我们非常高兴为您提供我们公司的全职律师职。

    - *(Jīngguò wǒmen de tǎolùn, wǒmen fēicháng gāoxìng wèi nín tígōng wǒmen gōngsī de quánzhí lǜshī zhíwèi)*

2. The key terms of the proposed employment contract between you and the Company are set out in the schedule. 您与公司之间的拟定雇用合同的关键条款将在附录中列出。

    - *(Nín yǔ gōngsī zhī jiān de nǐdìng gùyòng hétóng de guānjiàn tiáokuǎn jiàng zài fùlù zhōng liè chū.)*

3. You confirm that you are able to accept this job and carry out the work without any breach of legal restrictions, including imposed on by your former employer. 您确认自己能够接受这份工作，而没有违反法律限制，包括前雇主施加的法律限制。

    - *(Nín quèrèn zìjǐ nénggòu jiēshòu zhè fèn gōngzuò, ér méiyǒu wéifǎn fǎlǜ xiànzhì, bāokuò qián gùzhǔ shījiā de fǎlǜ xiànzhì)*

4. We hope that you will accept this job offer.
我们希望您会接受这份工作邀请。

    - *(Wǒmen xīwàng nín huì jiēshòu zhè fèn gōngzuò yāoqǐng)*

5. This offer is open for you to accept until next week, at which time it will be deemed to be withdrawn. 此邀請对您开放直到下周，届时将被视为已撤回。

    - *(Cǐ yāoqǐng duì nín kāifàng zhídào xià zhōu, jièshí jiāng bèi shì wéi yǐ chèhuí)*

6. After you have accepted this offer, we will send you a formal employment contract for your review. 在您接受了此报价后，我们将向您发送一份正式的雇佣合同供您审核。

    - *(Zài nín jiē shòu liǎo cǐ bàojià hòu, wǒmen jiāng xiàng nín fāsòng yī fèn zhèngshì de gùyōng hétóng gōng nín shěnhé)*

7. The employee shall comply with the rules and policies of the company and its affiliates. 员工应遵守公司及其关联公司的规定和政策。

    - *(Yuángōng yīng zūnshǒu gōngsī jí qí guānlián gōngsī de guīdìng hé zhèngcè)*

8. In accordance with the rules of the company and considering the employee's job performance and other factors, employees may receive bonus every year, but this is subject to the sole discretion of the company. 根据公司规则并考虑员工的工作表现和其他因素，员工每年可能会获得奖金，但这由公司自行决定。

    - *(Gēnjù gōngsī guīzé bìng kǎolǜ yuángōng de gōngzuò biǎoxiàn hé qítā yīnsù, yuángōng měinián kěnéng huì huòdé jiǎngjīn, dàn zhè yóu gōngsī zìxíng juédìng)*

9. The employee will be eligible to receive a bonus if the employee remains employed through to 31 December 2024. 如果员工一直受雇至 2024 年 12 月 31 日，员工将有资格获得奖金。

- *(Rúguǒ yuángōng yīzhí shòu gù zhì 2024 nián 12 yuè 31 rì, yuán gōng jiāng yǒu zīgé huòdé jiǎngjīn)*

General Clauses 一般条款 (Yībān tiáokuǎn)

General clauses refer to standard text or "boilerplate" in a legal contract. Mostly, these are provisions that can be applied and reused in new documents without any extensive amendments. General clauses are very common in the legal industry.

Terms	Characters	Pinyin
Party A	甲方	Jiǎ fāng
Party B	乙方	Yǐfāng
Entire Agreements	完整协议条款	Wánzhěng xiéyì tiáokuǎn
Governing Law	管辖法律	Guǎnxiá fǎlǜ
Dispute Resolution	争议解决	Zhēngyì jiějué
Language	语言	Yǔyán
Counterparts	签署	Qiānshǔ
Default Liability	违约责任	Wéiyuē zérèn
Compliance with Law	合规	Hé guī

<u>Governing Law 管辖法律 (Guǎnxiá fǎlǜ)</u>

This Agreement will be governed, construed and enforced in accordance with the laws of New York without regard to the conflicts of laws principles. 本协议将根据纽约州法律进行管辖，解释和执行

- *(Běn xiéyì jiāng gēnjù niǔyuē zhōu fǎlǜ jìnxíng guǎnxiá, jiěshì hé zhíxíng)*

<u>Language 语言 (Yǔyán)</u>

This agreement is executed in both Chinese and English. If there is any inconsistency between the two languages, the English shall prevail. 本协议以中文和英文签署。 如果两种语言之间有任何不一致之处，以英语为准。

- *(Běn xiéyì yǐ zhōngwén hé yīngwén qiānshǔ. Rúguǒ liǎng zhǒng yǔyán zhī jiān yǒu rènhé bùyīzhì zhī chù, yǐ yīngyǔ wéi zhǔn.)*

Dispute Resolution 争议解决 (Zhēngyì jiějué)

Any dispute, controversy or claim arising out of or relating to this Agreement shall be settled by arbitration at New York International Arbitration Center. 由本协议引起或与之有关的任何争议，争议或索赔，应在纽约国际仲裁中心通过仲裁解决。

- *(Yóuběn xiéyì yǐnqǐ huò yǔ zhī yǒuguān de rènhé zhēngyì, zhēngyì huò suǒpéi, yīng zài niǔyuē guójì zhòngcái zhōngxīn tōngguò zhòngcái jiějué.)*

Default Liability 违约责任 (Wéiyuē zérèn)

Party A shall be entitled to pursue Party B for actual loss suffered by Party A in case of any failure caused by Party B including but not limited to any wilful conduct, fault or negligence of Party. 如果乙方造成任何失败，包括但不限于乙方的任何故意行为，过错或过失，甲方有权向乙方追讨乙方遭受的实际损失。

- *(Rúguǒ yǐfāng zàochéng rènhé shībài, bāokuò dàn bù xiànyú yǐfāng de rènhé gùyì xíngwéi, guòcuò huò guòshī, jiǎ fāng yǒu quán xiàng yǐfāng zhuī tǎo yǐfāng zāoshòu de shíjì sǔnshī.)*

Entire Agreements 完整协议 (Wánzhěng xiéyì)

This Agreement constitutes the entire agreement between the parties hereto and supersedes all prior discussions, agreements and rights relating to the subject thereof. 本协议构成双方之间的全部协议，并取代之前所有与该主题相关的讨论，协议和权利。

- *(Běn xiéyì gòuchéng shuāngfāng zhī jiān de quánbù xiéyì, bìng qǔdài zhīqián suǒyǒu yǔ gāi zhǔtí xiāngguān de tǎolùn, xiéyì hé quánlì.)*

Counterparts 签署 (Qiānshǔ)

This Agreement shall be executed into two counterparts with each party holding one counterpart which shall be equally authentic. 本协议应分为两个对等方，每个协议应持有一个对等方，该对等方应具有同等效力。

- *(Běn xiéyì yīng fèn wèi liǎng gè duì děng fāng, měi gè xiéyì yīng chí yǒu yīgè duì děng fāng, gāi duì děng fāng yīng jùyǒu tóngděng xiàolì.)*

Compliance with Law 合规 (Hé guī)

In performing its obligations under this Agreement, Party B shall comply with applicable statutes, ordinances, orders, rules and regulations of the United States of America. 乙方在履行本协议下的义务时，应遵守美利坚合众国的适用法规，条例，命令，规则和条。

- *(Yǐfāng zài lǚxíng běn xiéyì xià de yìwù shí, yīng zūnshǒu měilìjiān hézhòngguó de shìyòng fǎguī, tiáolì, mìnglìng, guīzé hé tiáolì.)*

This obligation extends to and includes any and all sanctions, trade control and anti-corruption or anti-bribery laws. 该义务扩展到并包括任何和所有制裁，贸易控制和反腐败或反贿赂法律。

- *(Gāi yìwù kuòzhǎn dào bìng bāokuò rènhé hé suǒyǒu zhìcái, màoyì kòngzhì hé fǎn fǔbài huò fǎn huìlù fǎlǜ.)*

Upon request of Party A, Party B shall certify in writing that it complies with the above regulations. 经甲方要求，乙方应书面证明其遵守上述规定。

- *(Jīng jiă fāng yāoqiú, yǐfāng yīng shūmiàn zhèngmíng qí zūnshǒu shàngshù guīdìng.)*

Terms of Engagement 委聘条款 (Wěi pìn tiáokuǎn)

Terms of Engagement, sometimes referred to as an "Engagement Letter", sets out the terms and conditions between a professional advisor (usually an attorney) and the client. A law firm will usually enter into Terms of Engagement before providing any legal services. Make sure you do the same before you begin work with clients.

Terms	Characters	Pinyin
Standard terms of engagement	委聘条款	Wěi pìn tiáokuǎn
Scope of work	作范围为	Gōngzuò fànwéi
Review	审阅	Shěnyuè
Negotiations	谈判	Tánpàn
Fees	收费	Shōufèi
Draft / memorandum	备忘录	Bèiwànglù
Disbursements (literally fees paid on behalf of your company)	代贵司支付的费用	Dài guì sī zhīfù de fèiyòng

Dear Richard

尊敬的 Richard

1. I set out below our standard terms of engagement which will apply to these matters. 本函概述了本所专门适用于此项工作的委聘条款.

    I. *(Běn hán gàishùle běn suǒ zhuānmén shìyòng yú cǐ xiàng gōngzuò de wěi pìn tiáokuǎn.)*

2. This letter forms the contract between us, unless we agree in writing otherwise. 本函将会作为我们和贵司之间的有效合同, 除非双方另有其他书面约定.

    - *(Běn hán jiāng huì zuòwéi wǒmen hé guì sī zhī jiān de yǒuxiào hétóng, chúfēi shuāngfāng lìng yǒu qítā shūmiàn yuēdìng.)*

3. The terms are important and are provided so that you understand in advance how various issues will be handled. 该等条款将为贵司提供信息以提前了解本所的相关工作流程.

    - *(Gāi děng tiáokuǎn jiāng wéi guì sī tígōng xìnxī yǐ tíqián liǎojiě běn suǒ de xiāngguān gōngzuò liúchéng.)*

4. We will act for you on the following basis: 我们的工作如下:

    - *(Wǒmen de gōngzuò rúxià)*

5. Richard is our client and we understand that Andrew will be responsible for settling our fees. Richard 视为本所客户,贵司将支付我们的收费

    - *(Richard shì wéi běn suǒ kèhù, guì sī jiāng zhīfù wǒmen de shōufèi)*

6. The scope of work as we have agreed in our discussions is to advise between now and end of September 2023 (or such later date as we may mutually agree) in respect of the following 按照与贵司商议， 我们的工作范围为在 2023 年 9 月底之前 (或双方一致同意的其他日期) 就下列事项提供法律意见
    - *(Ànzhào yǔ guì sī shāngyì, wǒmen de gōngzuò fànwéi wèi zài 2023 nián 9 yuèdǐ zhīqián (huò shuāngfāng yīzhì tóngyì de qítā rìqí) jiù xiàliè shìxiàng tígōng fǎlǜ yìjiàn)*

I. Review and advise on the contract 审阅备忘录提供法律意见 *(Shěnyuè bèiwànglù tígōng fǎlǜ yìjiàn)*

II. Commenting on revised drafts and limited negotiations 对修改后的协议发表意见并进行有限的谈判 *(Duì xiūgǎi hòu de xiéyì fābiǎo yìjiàn bìng jìnxíng yǒuxiàn de tánpàn)*

III. Signing arrangements 签着相关安排 *(Qiānzhe xiāngguān ānpái)*

7. The scope does not include advice on accounting or tax issues or the suitability of insurance. 我们的工作范围不包括对财务或税务事项或相关保险的合适与否提供意见.

- *(Wǒmen de gōngzuò fànwéi bù bāokuò duì cáiwù huò shuìwù shìxiàng huò xiāngguān bǎoxiǎn de héshì yǔ fǒu tígōng yìjiàn.)*

8. Our instructions will only require advice on New York law and our services will be carried out in New York only (and our fee estimate assumes this). 贵司对我们的委聘仅基于纽约法律. 我们的服务地点仅限于纽约 (我们的收费已对此作出假定)

- *(Guì sī duì wǒmen de wěi pìn jǐn jīyú niǔyuē fǎlǜ. Wǒmen de fúwù dìdiǎn jǐn xiànyú niǔyuē (wǒmen de shōufèi yǐ duì cǐ zuòchū jiǎdìng))*

9. We understand that as the matter progresses you may wish to change the scope of work. 我们深知随着项目进展贵司可能需要变更我们的工作范围.

- (Wǒmen shēn zhī suízhe xiàngmù jìnzhǎn guì sī kěnéng xūyào biàngēng wǒmen de gōngzuò fànwéi.)

10. However any changes will need to be agreed in writing and may affect our fees. 但是任何对于工作范围的变更须经双方书面同意并可能导致收费的变动.

- (Dànshì rènhé duìyú gōngzuò fànwéi de biàngēng xū jīng shuāngfāng shūmiàn tóngyì bìng kěnéng dǎozhì shōufèi de biàndòng.)

11. The estimate of our fees is based on the scope of work referred to above and our current understanding of this project as discussed between us. 我们的费用预估基于以上所列工作范围和双方商议过程中我们对于本项目的理解

- *(Wǒmen de fèiyòng yù gū jīyú yǐshàng suǒ liè gōngzuò fànwéi hé shuāngfāng shāngyì guòchéng zhōng wǒmen duìyú běn xiàngmù dì lǐjiě)*

12. We estimate our legal fees for the agreed scope of work to be in the region of US$100,000 to US$125,000 excluding disbursements. 我们预估我们在此项目上的收费在 100,000 至 125,000 美元之间不含带贵司支付的费用.

- *(Wǒmen yù gū wǒmen zài cǐ xiàngmù shàng de shōufèi zài 100,000 zhì 125,000 měiyuán zhī jiān bù hán dài guì sī zhīfù de fèiyòng.)*

13. Any additional work required will be charged based on our hourly rates. 额外工作的收费将按照每小时费用计算收取

- *(Éwài gōngzuò de shōufèi jiāng ànzhào měi xiǎoshí fèiyòng jìsuàn shōuqǔ)*

14. We will timely advise you if we feel we were being asked to perform any additional work which is out of scope. 如果我们感到要求我们开展的工作超出本所最初简要说明的范围， 我们也要尽快告知贵司.

- *(Rúguǒ wǒmen gǎndào yāoqiú wǒmen kāizhǎn de gōngzuò chāochū běn suǒ zuìchū jiǎnyào shuōmíng de fànwéi, wǒmen yě yào jǐnkuài gàozhī guì sī.)*

15. Our fees will be paid on a monthly basis. 请贵司按月支付我们的费用.

    - *(Qǐng guì sī àn yuè zhīfù wǒmen de fèiyòng.)*

16. Our fees and disbursements will be payable whether or not the matter completes. We may issue separate bills in respect of disbursements incurred on your behalf. 无论本项目完成与否贵司均需支付我们的收费和代贵司支付的费用。对于代贵司支付的费用我们有可能分开发出账单。

    - *(Wúlùn běn xiàngmù wánchéng yǔ fǒu guì sī jūn xū zhīfù wǒmen de shōufèi hé dài guì sī zhīfù de fèiyòng. Duìyú dài guì sī zhīfù de fèiyòng wǒmen yǒu kěnéng fēn kāifā chū zhàngdān.)*

17. In accordance with our standard practice, we kindly request an initial payment of US$25,000 to be paid before commencing our work.依据本所标准惯例， 情贵司在我们开始工作前预付25,000 美元作为押金.

    - *(Yījù běn suǒ biāozhǔn guànlì, qíng guì sī zài wǒmen kāishǐ gōngzuò qián yùfù 25,000 měiyuán zuòwéi yājīn.)*

18. If you have any concerns regarding this letter, please let me know. Otherwise, please sign and date the enclosed copy to formally confirm your acceptance of these terms. 如果貴司對本委任函有任何問題， 對應告知我們. 如无疑问请于本函上签字并填写日期以确认贵司已正式接收委任条款。

    - *(Rúguǒ guìsī duìběn wěirèn hán yǒu rènhé wèntí, duìyìng gàozhī wǒmen. Rú wú yíwèn qǐng yú běn hán shàng qiānzì bìng tiánxiě rìqí yǐ quèrèn guì sī yǐ zhèngshì jiēshōu wěirèn tiáokuǎn.)*

19. In the absence of a response, we will consider your continued instructions to be confirmation of your acceptance. 如贵司不做回应， 贵司就此事项继续作出指示即是贵司已经接受本委任条款和本所通用业务条款

    - *(Rú guì sī bù zuò huíyīng, guì sī jiùcǐ shìxiàng jìxù zuòchū zhǐshì jí shì guì sī yǐjīng jiēshòu běn wěirèn tiáokuǎn hé běn suǒ tōngyòng yèwù tiáokuǎn)*

Yours Sincerely 此致 *(Cǐzhì)*

Agreed 同意 *(Tóngyì)*

Legal Due Diligence 法律尽职调查 (Fǎlǜ jìnzhí diàochá)

Whenever corporations want to buy and sell assets, attorneys are engaged to conduct due diligence. This means making a careful evaluation of the target company or its assets. Performing due diligence provides your client with a level of information that leads to better investment decisions.

A typical due diligence process begins with the buyer's attorneys sending over a list of questions to be answered by the seller.

Terms	Characters	Pinyin
Organizational chart	组织结构图	Zǔzhī jiégòu tú
Target Company	目标公司	Mùbiāo gōngsī
Subsidiary Company	子公司	Zǐ gōngsī
Percentage equity ownership	股权比率	Gǔquán bǐlǜ
License	执照	Zhízhào
Permits	许可证	Xǔkě zhèng
Government authorities	政府部门	Zhèngfǔ bùmén
Articles of Incorporation	公司章程	Gōngsī zhāngchéng
Register of Shareholders	股东名册	Gǔdōng míngcè

Meeting Minutes	会议记录	Huìyì jìlù
Board of Directors	董事会	Dǒngshìhuì
Audited financial statements	经会计师审计的财务报表	Jīng kuàijìshī shěnjì de cáiwù bàobiǎo
Balance Sheet / Profit and Loss Statement / Cash Flow Statement	资产负债表/损益表/现金流量表	Zīchǎn fùzhài biǎo/sǔnyì biǎo/xiànjīn liúliàng biǎo
Condemnation	征收	Zhēngshōu
Expropriation	征用	Zhēngyòng
Trademark Certificate / Copyright Certificate / Patent Certificate / Domain Name Registration	商标证明书/著作证明书/专利证明书/域名注册	Shāngbiāo zhèngmíng shū/zhùzuò zhèngmíng shū/zhuānlì zhèngmíng shū/yùmíng zhùcè
Material Assets	主要资产	Zhǔyào zīchǎn
Tax Benefits	税收优惠	Shuìshōu yōuhuì
Income Tax / Dividend Tax / Real Property Tax	企业所得税/股利所得/房地产税	Qǐyè suǒdéshuì/gǔlì suǒdé/fángdìchǎn shuì
Title Deeds	權狀	Quán zhuàng

Mortgages	抵押權證書	Dǐyā quánzhèng shū
Disputes	纠纷	Jiūfēn
Litigation	诉讼	Sùsòng
Related Party Transactions	关联交易	Guānlián jiāoyì

Please provide the following 请提供以下信息 *(Qǐng tígōng yǐxià xìnxī)*

1. Organizational chart of the Target Company and any direct or indirect subsidiary, including percentage equity ownership. 目标公司及任何直接或间接子公司的组织结构图，包括股权比率。

    - *(Mùbiāo gōngsī jí rènhé zhíjiē huò jiànjiē zǐ gōngsī de zǔzhī jiégòu tú, bāokuò gǔquán bǐlǜ.)*

2. Any license or permits of the Target Company and each subsidiary that has been withdrawn, not renewed or rejected by relevant government authorities in the past three (3) years. 目标公司及各子公司在过去三（3）年内被相关政府部门撤销、未续签或拒绝的任何执照或许可证。

    - *(Mùbiāo gōngsī jí gè zǐ gōngsī zài guòqù sān (3) niánnèi bèi xiāngguān zhèngfǔ bùmén chèxiāo, wèi xùqiān huò jùjué de rènhé zhízhào huò xǔkě zhèng.)*

3. Copies of Articles of Incorporation of the Target Company, as is currently in effect. 目标公司目前有效的公司章程副本。

    - *(Mùbiāo gōngsī mùqián yǒuxiào de gōngsī zhāngchéng fùběn)*

4. Copy of the register of shareholders and list of directors, as is currently in effect. 目前有效的股东名册和董事名册副本。

   - (*Mùqián yǒuxiào de gǔdōng míngcè hé dǒngshì míngcè fùběn*)

5. Meeting minutes of the Board of Directors for the past three (3) years. 近三（3）年董事会会议记录。

   - (*Jìn sān (3) nián dǒngshìhuì huìyì jìlù.)*

6. Confirmation that Target Company does not have shares or equity interest in other entities. 請确认目标公司不持有其他主体的股份或股权。

   - (*Qǐng quèrèn mùbiāo gōngsī bù chí yǒu qítā zhǔtǐ de gǔfèn huò gǔquán.*)

7. Share certificates owned by current shareholders of the Target Company. 目标公司现任股东持有的股票。

   - (*Mùbiāo gōngsī xiànrèn gǔdōng chí yǒu de gǔpiào.*)

8. Record of tax returns for the past three (3) years of Target Company. 目标公司过去三（3）年事業所得税申报记录。

   - *(Mùbiāo gōngsī guòqù sān (3) nián shìyè suǒdéshuì shēnbào jìlù*)

9. Audited financial statements including the balance sheet, profit and loss statement, statement of shareholders equity, cash flow for the past three (3) years. 最近三（3）年经会计师审计的财务报表，包括资产负债表、损益表、股东权益表、现金流量表。

   - *(Zuìjìn sān (3) nián jīng kuàijìshī shěnjì de cáiwù bàobiǎo, bāokuò zīchǎn fùzhài biǎo, sǔnyì biǎo, gǔdōng quányì biǎo, xiànjīn liúliàng biǎo.)*

10. Checklist of material assets of the Target Company and any other subsidiary. 目标公司及其他子公司的主要资产清单。

    - (*Mùbiāo gōngsī jí qítā zǐ gōngsī de zhǔyào zīchǎn qīngdān.*)

11. Details of any tax benefits such as corporate income tax, dividend tax and real property tax. 任何税收优惠的详细信息，例如企业所得税、股利所得和房地产税。

    - (*Rènhé shuìshōu yōuhuì de xiángxì xìnxī, lìrú qǐyè suǒdéshuì, gǔlì suǒdé hé fángdìchǎn shuì.*)

12. List of major customers, suppliers and contractors of the Target Company. 目标公司的主要客户、供应商及承包商名单。

    - *(Mùbiāo gōngsī de zhǔyào kèhù, gōngyìng shāng jí chéngbāo shāng míngdān.)*

13. Inventory of equipment. 设备盘点。

    - (*Shèbèi pándiǎn*)

14. Title deeds, mortgages, occupancy permit and all leases and related agreements concerning real property owned, possessed or occupied by the Target Company. 不动产所有權狀，抵押權證書，使用執照，所有租赁文件及其他有關目標公司，所有，拥有或占有不动产。

    - (*Bùdòngchǎn suǒyǒuquán zhuàng, dǐyā quánzhèng shū, shǐyòng zhízhào, suǒyǒu zūlìn wénjiàn jí qítā yǒuguān mùbiāo gōngsī, suǒyǒu, yǒngyǒu huò zhànyǒu bùdòngchǎn*)

15. Details on any ongoing negotiations with respect to the sale or lease of real properties.任何关于不动产之出售或租赁正在进行的谈判明细。

  - (*Rènhé guānyú bùdòngchǎn zhī chūshòu huò zūlìn zhèngzài jìnxíng de tánpàn míngxì.*)

16. Documents related to any actual or threatened condemnation or expropriation proceeding. 任何現存或潛在的徵收或征用程序有关的文件。

  - (*Rènhé xiàncún huò qiánzài de zhēngshōu huò zhēngyòng chéngxù yǒuguān de wénjiàn.*)

17. Trademark certificate, copyrights, patent certificate, domain name registration and other certificates which evidence the ownership or authorized use of the intellectual property. 商标证明书、著作证明书、专利证明书、域名注册等证明知识产权所有权或授权使用的证明文件。

  - (*Shāngbiāo zhèngmíng shū, zhùzuò zhèngmíng shū, zhuānlì zhèngmíng shū, yùmíng zhùcè děng zhèngmíng zhīshì chǎnquán suǒyǒuquán huò shòuquán shǐyòng de zhèngmíng wénjiàn)*

18. Disputes and litigation relating to intellectual property of or used by the Target Company for the past three (3) years. 近三（3）年内与目标公司拥有或使用的知识产权有关的纠纷和诉讼。

  - (*Jìn sān (3) niánnèi yǔ mùbiāo gōngsī yǒngyǒu huò shǐyòng de zhīshì chǎnquán yǒuguān de jiūfēn hé sùsòng.*)

19. Details of any existing, pending or threatened litigation, injunctions, arbitrations, administrative instructions, regulatory investigations or other impositions for or against the Target Company.

针对目标公司的任何现有、未决或威胁诉讼、禁令、仲裁、行政指示、监管调查或其他强制措施的详情。

- (*Zhēnduì mùbiāo gōngsī de rènhé xiàn yǒu, wèi jué huò wēixié sùsòng, jìnlìng, zhòngcái, xíngzhèng zhǐshì, jiānguǎn diàochá huò qítā qiángzhì cuòshī de xiángqíng.*)

20. Total number and list of employees, corporate organization and department chart, including any employees who have not signed any employment contract. 员工总数及名单、公司组织机构及部门结构图，包括未签订劳动合同的员工。

    - (*Yuángōng zǒngshù jí míngdān, gōngsī zǔzhī jīgòu jí bùmén jiégòu tú, bāokuò wèi qiāndìng láodòng hétóng de yuángōng.*)

21. Details of key senior management and their terms of service. 主要高级管理人员的详细情况及其服务条款。

    - (*Zhǔyào gāojí guǎnlǐ rényuán de xiángxì qíngkuàng jí qí fúwù tiáokuǎn.*)

22. Details of pension schemes. 退休金计划详情。

    - (*Tuìxiū jīn jìhuà xiángqíng.*)

23. Details of any share options, profit sharing or other bonus schemes for the employees. 員工認股,分紅或其他利益分配計劃明細

    - (*Yuángōng rèn gǔ, fēnhóng huò qítā lìyì fēnpèi jìhuà míngxì*)

24. Confirmation that there are no collective bargaining agreements. 确认没有集体谈判协议。

- (*Quèrèn méiyǒu jítǐ tánpàn xiéyì.*)

25. Related party transactions with Target Company and any other subsidiary.与目标公司及其他子公司的关联交易

    - (*Yǔ mùbiāo gōngsī jí qítā zǐ gōngsī de guānlián jiāoyì.*)

Part II - Business Interactions

The First Meeting

Deals and transactions in China are often begun between connections. Naturally, the value of a banker, lawyer or any professional adviser comes from the network they bring to the table.

This is ingrained in China. The concept of *Guānxì* 关系, meaning "connections" is a part of professional culture.

Greetings

Formal greetings and introductions are the norm, particularly during the first meeting. In general, use surnames when addressing clients, senior attorneys, and anyone else during the initial meeting.

Hello

你好 (Nǐ hǎo)

Please call me...

我叫 (Wǒ jiào)

My name is Teryn

我叫 Teryn (Wǒ jiào *Teryn*)

Hello everyone

大家好 (Dàjiā hǎo)

What is your surname (the conservative approach is to address someone is by their surname)

请问你贵姓 (Qǐngwèn nǐ guìxìng)

Hello Mr. Cory

Cory 先生你好 (*Cory* xiānshēng nǐ hǎo)

Hello Mr. Parnell

Parnell 先生你好 (*Parnell* xiānshēng nǐ hǎo)

I am very pleased to meet you

很高兴认识你 (Hěn gāoxìng rènshí nǐ)

It is an honor to meet you

很荣幸见到你 (Hěn róngxìng jiàn dào nǐ)

I would like to introduce to you Mr. Tsang

我想介绍　下曾先生 (Wǒ xlǎng jièshào yīxià céngjīng xiānshēng)

This is my work colleague

这是我的同事 (Zhè shì wǒ de tóngshì)

This is my boss

这是我的老板 (Zhè shì wǒ de lǎobǎn)

Business Introductions

I want to introduce myself

我想介绍一下自己 (Wǒ xiǎng jièshào yīxià zìjǐ)

I am a *Partner* of our law firm.

我是我们律师事务所的合伙人 (Wǒ shì wǒmen lǜshī shìwù suǒ de *héhuǒ rén*.)

Titles	Characters	Pinyin
Partner	合伙人	Huǒbàn
Counsel	顾问律师	Gùwèn lǜshī
Consultant	顾问	Gùwèn
Senior Associate	高级律师	Gāojí lǜshī
Associate	律师	Lǜshī
Trainee Solicitor	实习律师	Shíxí lǜshī
Registered Foreign Lawyer	注册外地律師	Zhùcè wàidì lǜshī
Accounting Manager	会计经理	Kuàijì jīnglǐ
Human Resources Manager	人力资源经理	Rénlì zīyuán jīnglǐ

Business Partner	生意伙伴	Shēngyì huǒbàn

We offer comprehensive services in Mainland China, including corporate affairs / mergers & acqusitions, capital markets, banking and finance, funds and investment management and real estate.

我们在中国大陆建立了全面的实力，网罗公司事务/并购、资本市场、银行与金融、基金和投资管理、房地产

(Wǒmen zài zhōngguó dàlù jiànlìle quánmiàn de shílì, wǎngluó gōngsī shìwù/bìnggòu, zīběn shìchǎng, yínháng yǔ jīnróng, jījīn hé tóuzī guǎnlǐ, fángdìchǎn.)

We not only understand Mainland Chinese culture, we also have a complete international network.

我们既了解中国企业文化，又有完善的国际网络

(*Wǒmen jì liǎojiě zhōngguó qǐyè wénhuà, yòu yǒu wánshàn de guójì wǎngluò*)

Our three offices in Greater China (Beijing, Shenzhen, Shanghai) frequently collaborate on inbound and outbound deals in China.

我们在大中华区的三个办公室（北京、深圳、上海），经常在各类中国境内外的交易中协同合作

(*Wǒmen zài dà zhōnghuá qū de sān gè bàngōngshì (běijīng, shēnzhèn, shànghǎi), jīngcháng zài gè lèi zhōngguó jìngnèi wài de jiāoyì zhōng xiétóng hézuò.*)

Services	Characters	Pinyin

Corporate affairs	公司事务	Gōngsī shìwù
Mergers & acquisitions (M&A)	并购	Bìnggòu
Capital markets	资本市场	Zīběn shìchǎng
Banking and finance	银行与金融	Yínháng yǔ jīnróng
Funds and investment management	基金和投资管理	Jījīn hé tóuzī guǎnlǐ
Investment banking	投资银行	Tóuzī yínháng
Real estate	房地产	Fángdìchǎn
Tax consulting	税务咨询	Shuìwù zīxún

Currently we are the market leader in Asia

现在是亚洲市场的领导者 (Xiànzài shì yàzhōu shìchǎng de lǐngdǎo zhě)

We have more than 50 teams covering over 100 countries in the world.

50 多个团队，覆盖全球超过 100 个国家 (Wǔshí duō gè tuánduì, fùgài quánqiú chāoguò yībǎi gè guójiā)

We plan to expand in China

我们计划在中国扩展 (Wǒmen jìhuà zài zhōngguó kuòzhǎn)

That is why we hope to collaborate on opportunities, I look forward to hearing from you soon

所以, 希望我们有合作机会，并静候您的佳音 (Suǒyǐ, xī wàng wǒ men yǒu hé zuò jī huì ，bìng jìng hòu nín de jiā yī)

I will keep in touch

我会保持联系 (Wǒ huì bǎochí liánxì)

Thank you for your time and consideration

感谢您的时间和考虑 (Gǎnxiè nín de shíjiān hé kǎolǜ)

Are there any outstanding issues that we should clarify?

有什么我们应该详细说明的吗 (Yǒu shé me wǒmen yīnggāi xiángxì shuōmíng de ma)

What is your specialty?

你的专长是什么 (Nǐ de zhuāncháng shì shénme)

How much industry experience do you have?

你有多少行业经验 (Nǐ yǒu duōshǎo hángyè jīngyàn)

Why should we hire your firm?

我们为什么要雇用您的公司 (Wǒmen wèishéme yào gùyòng nín de gōngsī)

How big is your firm?

你的公司有多大 (Nǐ de gōngsī yǒu duōdà)

Do we meet your standards?

我们符合您的标准吗？(Wǒmen fúhé nín de biāozhǔn ma?)

We would be pleased to offer you a fee quote

我们很乐意为您提供费用报价 (Wǒmen hěn lèyì wèi nín tígōng fèiyòng bàojià)

We can engage local counsel in *Singapore*

我们可以从事新加坡当地律师 (Wǒmen kěyǐ cóngshì xīnjiāpō dāngdì lǜshī)

Location	Characters	Pinyin
China	中国	Zhōngguó
Hong Kong	香港	Xiānggǎng
Canada	加拿大	Jiānádà
United States	美国	Měiguó
Australia	澳洲	Àozhōu
United Kingdom	英国	Yīngguó

Vancouver	温哥华	Wēngēhuá
London	伦敦	Lúndūn
New York	纽约	Niǔyuē
San Francisco	旧金山	Jiùjīnshān
Toronto	多伦多	Duōlúnduō
Shanghai	上海	Shànghǎi
Beijing	北京	Běijīng
Los Angeles	洛杉矶	Luòshānjī

At the Firm

Day-to-Day Phrases

Key Vocabulary	Characters	Pinyin
Matter number	項目编号	Xiàngmù biānhào
Conflicts of interest	利益冲突	Lìyì chōngtú
Retainer agreement	聘用协议	Pìnyòng xiéyì
To process	处理	Chǔlǐ
Documents	文件	Wénjiàn
Report	报告	Bàogào
Task	任务	Rènwù
Department	部门	Bùmén
Advice	建议	Jiànyì
To prioritize	优先考虑	Yōuxiān kǎolǜ
To call	打电话	Dǎ diànhuà
Client	客户	Kèhù

Can you please help me?

你能帮我一下吗 (Nǐ néng bāng wǒ yīxià ma)

What is the matter number?

項目编号是什么 (Xiàngmù biānhào shì shénme)

Could you check for conflicts of interest?

你能检查一下利益冲突吗 (Nǐ néng jiǎnchá yīxià lìyì chōngtú ma)

Please prepare a retainer agreeement

请准备一份聘用协议 (Qǐng zhǔnbèi yī fèn pìnyòng xiéyì)

How do we usually complete this task?

通常如何完成这项任务 (Tōngcháng rúhé wánchéng zhè xiàng rènwù)

Please process these documents

请处理这些文件 (Qǐng chǔlǐ zhèxiē wénjiàn)

We need to finish this report tonight

我们今晚需要完成这份报告 (Wǒmen jīn wǎn xūyào wánchéng zhè fèn bàogào)

We need the Information urgently

我们急需这些资料 (Wǒmen jíxū zhèxiē zīliào)

What else do we need to do?

我们还需要做什么 (Wǒmen hái xūyào zuò shénme)

How should we prioritize these issues?

我们应该如何优先考虑这些问题 (Wǒmen yīnggāi rúhé yōuxiān kǎolǜ zhèxiē wèntí)

We need to call the client

我们需要打电话给客户 (Wǒmen xūyào dǎ diànhuà gěi kèhù)

Thank you for the hard work

辛苦你了 (Xīnkǔ nǐle)

Managing Clients

Managing clients can be a challenge. A balance must usually be struck between being responsive and being firm in terms of the scope of work that you have agreed to complete.

Key Vocabulary	Characters	Pinyin
Deadline	截止日期	Jiézhǐ rìqí
The latest (in reference to a deadline)	最晚	Zuì wǎn
Busy	很忙	Hěn máng
To discuss	讨论	Tǎolùn
To respond	回复	Huífù

Scope of work	工作范围	Gōngzuò fànwéi
Fees	收费	Shōufèi

When is the latest you need this document?

你最晚什么时候要这份文件 (Nǐ zuì wǎn shénme shíhòu yào zhè fèn wénjiàn)

When is the deadline?

截止日期是什么时候 (Jiézhǐ rìqí shì shénme shíhòu)

We will respond tomorrow morning

我明天早上回复 (Wǒ míngtiān zǎoshang huífù)

Can we schedule a meeting to discuss the outstanding issues?

我们可以安排一次会议来讨论未决的问题吗？(Wǒmen kěyǐ ānpái yīcì huìyì lái tǎolùn wèi jué de wèntí ma?)

Let's discuss soon/in a few moments

我们稍后讨论 (Wǒmen shāo hòu tǎolùn)

We just finished the report

我们刚完成报告 (Wǒmen gāng wánchéng bàogào)

Can we please follow-up on this urgent matter

我们可以跟进这个紧急的事情吗 (Wǒmen kěyǐ gēn jìn zhège jǐnjí de shìqíng ma)

I will take care of this immediately

我会立即处理 (Wǒ huì lìjí chǔlǐ)

We have already exceeded the agreed-upon scope of work.

我们已经超出了约定的工作范围 (Wǒmen yǐjīng chāochūle yuēdìng de gōngzuò fànwéi)

We need to have a discussion on fees.

我们需要讨论一下我们的收费 (Wǒmen xūyào tǎolùn yīxià wǒmen de shōufèi)

Please let us have your comments

请让我们发表您的意见 (Qǐng ràng wǒmen fābiǎo nín de yìjiàn)

Criticism

Key Vocabulary	Characters	Pinyin
Billable hours	计费时间	Jì fèi shíjiān
Agreement	协议	Xiéyì

Template	模板	Múbǎn
Problem	问题	Wèntí
Late	迟到	Chídào
Data	数据	Shùjù
Correct	正确	Zhèngquè
Wrong	错(了)	Cuò(le)
Legal analysis	法律分析	Fǎlǜ fēnxī

Do you know why I wanted to speak to you?

你知道我想跟你说什么吗? (Nǐ zhīdào wǒ xiǎng gēn nǐ shuō shénme ma)

Your billable hours are too low

您的计费时间太低 (Nín de jì fèi shíjiān tài dī)

You have drafted the agreement incorrectly

你起草的协议有误 (Nǐ qǐcǎo de xiéyì yǒu wù)

You should use have used the newer template

你应该使用更新的模板 (Nǐ yīnggāi shǐyòng gēngxīn de múbǎn)

Please do it again

请再做一次 (Qǐng zài zuò yīcì)

Are you sure this is correct?

你确定这是正确的 (Nǐ quèdìng zhè shì zhèngquè de)

I am not sure the legal analysis is correct

我不确定法律分析是否正确 (Wǒ bù quèdìng fǎlǜ fēnxī shìfǒu zhèngquè)

Managing the Firm

A law firm is ultimately a business. We teach you the vocabulary and key phrases that enable you to manage client outreach, profitability and sales.

Profitability

Key Vocabulary	Characters	Pinyin
Sales	销售量	Xiāoshòu liàng
Profit	盈利/溢利/利润	Yínglì/yì lì/lìrùn
Fee cap	收费上限	Shōufèi shàngxiàn
Matter	項目	Xiàngmù
Strategic Review	战略审查	Zhànlüè shěnchá
Write-off	注销	Zhùxiāo
To improve / to increase	提高	Tígāo
Competitiveness	竞争力	Jìngzhēng lì
Average utilization rate	平均利用率	Píngjūn lìyòng lǜ
Average billing rate	平均计费率	Píngjūn jì fèi lǜ shì
Profit per partner	每个合伙人的利润	Měi gè héhuǒ rén de lìrùn
Return on Assets	资产收益率	Zīchǎn shōuyì lǜ
Return on Equity	股本回报率	Gǔběn huíbào lǜ

What is our fee cap for this matter?

我们在这項目上的收费上限是多少 (Wǒmen zài zhè xiàngmù shàng de shōufèi shàngxiàn shì duōshǎo)

We are exceeding our fee cap for this matter.

我们已经超出了这項目的收费上限 (Wǒmen yǐjīng chāochūle zhè xiàngmù dì shōufèi shàngxiàn)

How profitable is this matter?

这項目有多盈利 (Zhè xiàngmù yǒu duō yínglì)

How can we increase profitability?

我们如何提高盈利 (Wǒmen rúhé tígāo yínglì)

The Trainee Solicitor should work more on this matter.

实习律师应该在这个項目上做更多的工作 (Shíxí lǜshī yīnggāi zài zhège xiàngmù shàng zuò gèng duō de gōngzuò)

What is the average utilization of the team?

团队的平均利用率是多少 (Tuánduì de píngjūn lìyòng lǜ shì duōshǎo)

Our profit per partner has increased / decreased

我们每个合伙人的利润增加/下降了 (Wǒmen měi gè héhuǒ rén de lìrùn zēngjiā/xiàjiàngle)

We will need to write-off this matter.

我们需要注销这个项目 (Wǒmen xūyào zhùxiāo zhège xiàngmù)

Our strategic review shows that our work for client X is unprofitable

我们的战略审查表明我们为 [客户 X]所做的工作是不盈利 (Wǒmen de zhànlüè shěnchá biǎomíng wǒmen wèi [kèhù X] suǒ zuò de gōngzuò shì bù yínglì)

What is the Return on Assets ratio?

资产收益率是多少 (Zīchǎn shōuyì lǜ shì duōshǎo)

What is the Return on Equity ratio?

股本回报率是多少 (Gǔběn huíbào lǜ shì duōshǎo)

What is our Average Billing Rate?

我们的平均计费率是多少 (Wǒmen de píngjūn jì fèi lǜ shì duōshǎo)

Marketing / Client Outreach

Key Vocabulary	Characters	Pinyin
Marketing campaign	营销计划	Yíngxiāo jìhuà
Panel lawyer	小组律师	Xiǎozǔ lǜshī

To target	瞄准	Miáozhǔn
Target clients	目标客户	Mùbiāo kèhù
Market	市场	Shìchǎng
Products	产品	Chǎnpǐn
Social media	社交媒体	Shèjiāo méitǐ
Advertising budget	广告预算	Guǎnggào yùsuàn
Advertising channel	广告渠道	Guǎnggào qúdào

We need a new marketing campaign to increase our billings

需要新的**营销计划**来增加计费 (Xūyào xīn de yíngxiāo jìhuà lái zēngjiā jì fèi)

I am meeting with the General Counsel of ABC Company to discuss possible opportunities.

我将在星期二与 ABC 公司的**总法律顾问**会面，讨论可能的机会 (Wǒ jiàng zài xīngqí'èr yǔ ABC gōngsī de zǒng fǎlǜ gùwèn huìmiàn, tǎolùn kěnéng de jīhuì.)

Which market should we target?

我们应该**瞄准**哪个市场 (Wǒmen yīnggāi miáozhǔn nǎge shìchǎng)

We need to expand our client base

我们需要扩大我们的客户群体 (Wǒmen xūyào kuòdà wǒmen de kèhù qúntǐ)

How do we become a panel lawyer at your company

我们如何成为贵公司的小组律师 (Wǒmen rúhé chéngwéi guì gōngsī de xiǎozǔ lǜshī)

What is our advertising budget this year?

今年我们的广告预算是多少 (Jīnnián wǒmen de guǎnggào yùsuàn shì duōshǎo)

Are we advertising on the major social media platforms?

我们是否在主要的社交媒体平台上投放广告 (Wǒmen shìfǒu zài zhǔyào de shèjiāo méitǐ píngtái shàng tóufàng guǎnggào?)

Which advertising channel is the most effective?

哪个广告渠道最有效 (Nǎge guǎnggào qúdào zuì yǒuxiào)

The Return on Investment of the latest marketing campaign was 12%

最新营销计划的投资回报率是 12% (Zuìxīn yíngxiāo jìhuà de tóuzī huíbào lǜ shì 12%)

Client Engagement

In China, immediately talking about business at the start of the meeting will be seen as forced, direct, and ingenuine. Nobody wants to do business if the mood is set improperly. Moreover, business meetings tend to transition into other social events. Don't be put off! Social settings are usually where executive decisions will be made!

Key Vocabulary	Characters	Pinyin
Meeting	会议	Huìyì
To discuss	讨论	Tǎolùn
Panel lawyer	小组律师	Xiǎozǔ lǜshī
Credentials / prior experiences	资历/过往经验	Zīlì / guòwǎng jīngyàn
Scope of work / corresponding charges	工作范围/相应的收费	Gōngzuò fànwéi / xiāngyìng de shōufèi

Setting the tone

Thank you for joining the meeting today

谢谢你今天参加会议 (Xièxiè nǐ jīntiān cānjiā huìyì)

Let us get started

我们开始吧 (Wǒmen kāishǐ ba)

I am very happy to see you

我很高兴见到你 (Wǒ hěn gāoxìng jiàn dào nǐ)

The purpose of today's meeting is...

今天会议的目的是... (Jīntiān huìyì de mùdì shì)

Today I want to discuss three things

今天我想讨论三件事 (Jīntiān wǒ xiǎng tǎolùn sān jiàn shì)

We are interested in becoming a panel lawyer at your company

我们有兴趣成为贵公司的小组律师 (Wǒmen yǒu xìngqù chéngwéi guì gōngsī de xiǎozǔ lǜshī)

We would be interested in discussing our credentials and prior experiences

我们有兴趣讨论我们的资历和过往经验 (Wǒmen yǒu xìngqù tǎolùn wǒmen de zīlì hé guòwǎng jīngyàn)

Your acceptance is very important to us

您的接受对我们非常重要 (Nín de jiēshòu duì wǒmen fēicháng zhòngyào)

We can give you more time to decide what to do next

我们可以给您更多时间来决定做什么 (Wǒmen kěyǐ gěi nín gèng duō shíjiān lái juédìng zuò shénme)

As a next step, we can send over our proposed scope of work and corresponding charges

作为下一步，我们可以发送我们建议的工作范围和相应的收费 (Zuòwéi xià yībù, wǒmen kěyǐ fāsòng wǒmen jiànyì de gōngzuò fànwéi hé xiāngyìng de shōufèi)

Negotiating the Deal

Negotiations in China are done informally and on principle. Deals and transactions may be publicly announced but the core terms are almost always concluded without complicated drafting.

Given the increase in foreign companies operating in the country, there is a general move towards formally documenting agreements. Most Chinese clients should be aware that global firms have a policy of requiring written contracts.

Key Vocabulary	Characters	Pinyin
Offer (usually in reference to price)	报价	Bàojià
Counteroffer	还价	Huán jià
Purchase consideration	购买对价	Gòumǎi duìjià
Position	立场	Lìchǎng
Negotiate	谈判	Tánpàn
Profit sharing	利润分享	Lìrùn fēnxiǎng
Net profits	净利润	Jìng lìrùn
Contract	合同	Hétóng
Details	细节	Xìjié

Conditions	条款	Tiáokuǎn
Collaboration	合作	Hézuò
To accept	接受	Jiēshòu
To sign (a document)	签名	Qiānmíng
Non-disclosure agreement	保密协议	Bǎomì xiéyì
International rules and regulations	国际条款和规章	Guójì tiáokuǎn hé guīzhāng
Breach (of contract)	违反	Wéifǎn
Court of law	法庭	Fǎtíng

We should discuss a contract / memorandum of understanding

我们应该讨论合同 / 谅解备忘录 (Wǒmen yīnggāi tǎolùn hétóng / liàngjiě bèiwànglù)

Can we review a term sheet?

我们可以查看条款清单吗 (Wǒmen kěyǐ chákàn tiáokuǎn qīngdān ma)

Is there an exclusivity clause in the term sheet? Can we negotiate with other investors?

条款清单中是否有排他性条款. 我们可以在排他期内与其他投资人进行谈判吗 (Tiáokuǎn qīngdān zhōng shìfǒu yǒu páitāxìng tiáokuǎn. Wǒmen kěyǐ zài páitā qī nèi yǔ qítā tóuzī rén jìnxíng tánpàn ma)

Is this document legally binding?

这是否具有法律约束力？(Zhè shìfǒu jùyǒu fǎlǜ yuēshù lì?)

How long is the offer effective for?

报价有效期多长时间 (Bàojià yǒuxiàoqí duō cháng shíjiān)

Our offer is USD5m

我们的报价是 500 万美元 (Wǒmen de bàojià shì 500 wàn měiyuán)

The purchase consideration is USD5m

购买对价是 500 万美元 (Gòumǎi duìjià shì 500 wàn měiyuán)

Our offer is good for 3 weeks

我们的报价有效期为三周 (Wǒmen de bàojià yǒuxiàoqí wèi sān zhōu)

We cannot accept *(in reference to an offer)*

我们不能接受 (Wǒmen bùnéng jiēshòu)

What is your counteroffer?

你的还价是什么 (Nǐ de huán jià shì shénme)

Is that your best offer?

这是你最好的报价吗 (Zhè shì nǐ zuì hǎo de bàojià ma)

Our position is simple

我们的立场简单 (Wǒmen de lìchǎng jiǎndān)

I am sure you are willing to negotiate

我相信你愿意谈判 (Wǒ xiāngxìn nǐ yuànyì tánpàn)

We need more time to consider the offer

我们需要更多时间来考虑报价 (Wǒmen xūyào gèng duō shíjiān lái kǎolǜ bàojià)

Are you speaking to other buyers?

你在跟其他买家说话吗 (Nǐ zài gēn qítā mǎi jiā shuōhuà ma)

We can discuss once you agree to a Non-Disclosure Agreement

您签署保密协议后，我们可以共享更多信息 (Nín qiānshǔ bǎomì xiéyì hòu, wǒmen kěyǐ gòngxiǎng gèng duō xìnxī)

We should follow international rules and regulations

我们应该按国际条款和规章 (Wǒmen yīnggāi àn guójì tiáokuǎn hé guīzhāng)

Our clients have some requirements in terms of profit-sharing

我们的客户对利润分享有一些要求 (Duì lìrùn fēnxiǎng yǒu yīxiē yāoqiú)

Net profits will need to be at least USD2m

净利润至少需要达到二百万美元 (Jìng lìrùn zhìshǎo xūyào dádào èrbǎi wàn měiyuán)

What is the estimated closing date of of the transaction?

交易的预计达成日期是什么时候? (Jiāoyì de yùjì dáchéng rìqí shì shénme shíhòu)

Shall we put the terms into a contract?

我们应该把条款写进合同吗 (Wǒmen yīnggāi bǎ tiáokuǎn xiě jìn hétóng ma)

Can you accept the details of the contract?

你可以接受合同的细节吗 (Nǐ kěyǐ jiēshòu hétóng de xìjié ma)

We have already accepted all terms in the contract

我们已经接受了合同中的所有条款 (Wǒmen yǐjīng jiēshòule hétóng zhōng de suǒyǒu tiáokuǎn)

There is only one term we wish to change

只想改变一个条件 (Zhǐ xiǎng gǎibiàn yīgè tiáojiàn)

Please sign the original

请在原件上签名 (Qǐng zài yuánjiàn shàng qiānmíng)

We cannot renew the contract

我们不能续签合同 (Wǒmen bùnéng xùqiān hétóng)

Is there a problem with the previously agreed upon terms?

先前同意的条款有什么问题吗 (Xiānqián tóngyì de tiáokuǎn yǒu shé me wèntí ma)

There are terms we need changed

有些条款我们需要改变 (Yǒuxiē tiáokuǎn wǒmen xūyào gǎibiàn)

Because of changes in the market, we hope to cancel the contract

由于市场变化，我们希望取消合同 (Yóuyú shìchǎng biànhuà, wǒmen xīwàng qǔxiāo hétóng)

Your conduct breaches the contract

您的行为违反了合同 (Nín de xíngwéi wéifǎnle hétóng)

If the contract breach results in a decrease in revenue, we may ask your company for compensation

如果合同违反導致收入減少，我们可能會向你的公司索取賠償 (Rúguǒ hétóng wéifǎn dǎozhì shōurù jiǎnshǎo, wǒmen kěnéng huì xiàng nǐ de gōngsī suǒqǔ péicháng)

We will settle this problem in court

我们将在法庭上解决这个问题 (Wǒmen jiàng zài fǎtíng shàng jiějué zhège wèntí)

Email and Phone Etiquette

As with most places, phone and email etiquette in China is highly important. If you are regularly interacting with a Chinese client, be ready to have all sorts of interactions throughout the day, *particularly* over SMS, instant messaging and text. It will never be too early or too late! Understand that this type of engagement is part of what Chinese clients expect for both sides to bring to the table.

Key Vocabulary	Characters	Pinyin
Mobile phone	移动电话 / 手机	Yídòng diànhuà / Shǒujī
Telephone	电话	Diànhuà
Contact	联系	Liánxì
Email address	电子邮件地址 / *email* 地址	Diànzǐ yóujiàn dìzhǐ / email dìzhǐ
Phone number	电话号码	Diànhuà hàomǎ
Report	报告	Bàogào
Phone conversation	电话中的谈话	Diànhuà zhōng de

		tánhuà
Send email	发电子邮件 / 发 *email*	Fā diànzǐ yóujiàn / Fā *email*

<u>On the phone</u>
What is your phone number?

你的电话号码是什么 (Nǐ de diànhuà hàomǎ shì shénme)

My phone number is...

我的电话号码是... (Wǒ de diànhuà hàomǎ shì)

Hello, is Mr. Chan there?

喂, 陈先生在吗 (Wèi chén xiānshēng zài ma)

Hello, I wanted to introduce myself and our company over the phone

我想通过电话介绍自己和我们的公司 (Wǒ xiǎng tōngguò diànhuà jièshào zìjǐ hé wǒmen de gōngsī)

Who is on the line?

请问你是谁. (Qǐngwèn nǐ shì shéi)

Please wait a moment, stay on the line

请稍候, 别挂断 (Qǐng shāo hòu, bié guà duàn)

Apologies, but he is in a meeting

对不起, 他在开会 (Duìbùqǐ, tā zài kāihuì)

He is on holiday

他在度假 (Tā zài dùjià)

He is on leave today

他今天休息 (Tā jīntiān xiūxí)

When will he go back to office?

他什么时候回到办公室 (Tā shénme shíhòu huí dào bàngōngshì)

Please have Mr. Tsang return our phone call immediately.

请曾先生立即回电 (Qǐng céng xiānshēng lìjí huídiàn)

Is there anything else you need?

您还有其他需要吗？(Nín hái yǒu qítā xūyào ma?)

It was nice speaking on the phone

很高兴与您通话 (Hěn gāoxìng yǔ nín tōnghuà)

Keep in touch

保持联系 (Bǎochí liánxì)

Thank you for calling

感谢您打电话 (Gǎnxiè nín dǎ diànhuà)

Email

What is your email address?

你的 email 地址是什么 (Nǐ de “email” dìzhǐ shì shénme)

When translated directly, “email” is 电子邮件 (diànzǐ yóujiàn) which means “electronic mail.” However, it is commonplace to refer to “email” using English

My email address is...

我的 email 地址是... (Wǒ de “email” dìzhǐ shì)

I will send you an email

我给你发 email (Wǒ gěi nǐ fā “email”)

Send me an email please

请给我发 email (Qǐng gěi wǒ fā “email”)

Send me the report please

请把报告发给我 (Qǐng bǎ bàogào fā gěi wǒ)

I did not receive your email. Could you please send it again?

我没有收到电子邮件. 你能再发送一次吗 (Wǒ méiyǒu shōu dào diànzǐ yóujiàn. Nǐ néng zài fāsòng yīcì ma)

Formal written phrases

Key Vocabulary	Characters	Pinyin
To confirm	确认	Quèrèn
To reply	答复	Dáfù
To inform	告知	Gàozhī
To address / to deal with	处理	Chǔlǐ
Unresolved	待解决	Dài jiějué
Issues	议题	Yìtí
Requirements	要求	Yāoqiú
Proposal	提案	Tí'àn

I am writing to confirm

我写信是要确认 (Wǒ xiě xìn shì yào quèrèn)

As per our phone conversation yesterday

关于我们昨天在电话中的谈话 (Guānyú wǒmen zuótiān zài diànhuà zhōng de tánhuà)

As expressed in a previous mail

如之前的信中所提出 (Rú zhīqián de xìn zhōng suǒ tíchū)

As per your requirements

按照你的要求 (Ànzhào nǐ de yāoqiú)

Following on our phone conversation yesterday, I want to respond to some of the unresolved issues in our agreement

跟着我们昨天在电话中所谈，我想答复你我们合约的一些待解决的议题 (Gēnzhe wǒmen zuótiān zài diànhuà zhōng suǒ tán, wǒ xiǎng dáfù nǐ wǒmen héyuē de yīxiē dài jiějué de yìtí)

Following on what was decided last meeting…

如我们在上次会议中的决定 (Rú wǒ men zài shàng cì huì yì zhōng de jué ding)

Please be informed that

请被告知 (Qǐng bèi gàozhī)

With effect from today

从今天起生效 (Cóng jīntiān qǐ shēngxiào)

Due to circumstances beyond our control

由于情况超越我们所能控制 (Yóuyú qíngkuàng chāoyuè wǒmen suǒ néng kòngzhi)

We request your help to relay this message to your company's employees

我们请求你的帮助，需要将此信息传达给你们公司的员工 (Wǒmen qǐngqiú nǐ de bāngzhù, xūyào jiāng cǐ xìnxī chuándá gěi nǐmen gōngsī de yuángōng)

We hope to discuss business with you in due course

我们希望尽早与你方洽谈业务 (Wǒmen xīwàng jǐnzǎo yǔ nǐ fāng qiàtán yèwù)

We hope this deal will be satisfactory to both sides

我们希望这次交易能使我们双方都满意 (Wǒmen xīwàng zhè cì jiāoyì néng shǐ wǒmen shuāngfāng dōu mǎnyì.)

I hope you can deal with our problem seriously

希望贵方能认真地处理我们的问题 (Xīwàng guì fāng néng rènzhēn dì chǔlǐ wǒmen de wèntí)

We hope to receive a prompt reply

希望得到对方的迅速答复 (Xīwàng dédào duìfāng de xùnsù dáfù)

I hope this unpleasant incident will not affect our future cooperation

我希望这件不愉快的事情不会影响已后的合作 (Wǒ xīwàng zhè jiàn bùyúkuài de shìqíng bù huì yǐngxiǎng yǐ hòu de hézuò)

We hope this trend in the market will continue to develop

我方希望这种市场趋势能继续发展下去(Wǒ fāng xīwàng zhè zhǒng shìchǎng qūshì néng jìxù fāzhǎn xiàqù)

We look forward to your early settlement of this matter.

我方期待着贵方早日解决这一问题 (Wǒ fāng qídàizhuó guì fāng zǎorì jiějué zhè yī wèntí.)

We hope there to be a satisfactory resolution to this matter.

希望此事有一个圆满的解决 (Xīwàng cǐ shì yǒu yīgè yuánmǎn de jiějué.)

Would you please send us...?

请你寄给我们 (Qǐng nǐ jì gěi wǒ men)

We are fine with the proposal

我对这份提案没意见 (Wǒ duì zhè fèn tí'àn méi yìjiàn)

Part III – Review of Pinyin

Pronunciation of Mandarin Chinese

Pinyin is a writing system that romanizes Mandarin Chinese: words are spelled out using Latin alphabet. There are four tones in Mandarin, and one neutral tone.

Tone	Symbol	Example	Commentary
1st Tone	¯	Mā (妈) *mother*	High-level tone. Imagine walking to a stage mic and testing your pitch ("aaahhh!").
2nd Tone	ˊ	Má (麻) *flax*	Rising tone, similar to the tone at the end of a question ("hello?").
3rd Tone	ˇ	Mǎ (马) *horse*	Falling tone and then rising again. Say the word "meow" with a deep tone then rise
4th Tone	ˋ	Mà (骂) *to scold*	Falling tone. Imagine the tone you use when giving out an angry command ("stop!").
Neutral Tone	No marker	Ma (吗) *question mark particle*	Neutral tone. Try pronouncing the word light and short.

Pinyin is a good tool for beginners as it will help you to look up words in the dictionary and to commit them to memory.

Vowels

Pronunciation of vowels in Pinyin is similar to English vowels. However, this can change depending on what the adjacent letters are.

a	As in the a when you say "father"
o	As in the awe when you say "awesome"
e	As in the u when you say "ugh"
i	As in the i when you say the words "sit" or "bit"
i (if paired after zh, ch, sh)	The vowel i sounds like er in the word "her"
yi	As in "eee"
u	As in "ooo"
ui	As in "way." The Chinese diphthong ui leads with a w sound
uo	As in the wa when you say "war"
ai	As in "eye"
ei	As in ey of the word "hey"
ia	As in "ah" or the a when you say "yah"

ie	As in the e when you say “yet”
ao	As in “ow!” when you stub your toe
ou	As in “oh” when you express surprise
an	As in the “on” when you say “con”

Consonants

Mandarin consonants can also be similar in tone and pronunciation to English consonants. When pronouncing them, it’s helpful to pair the consonant with a vowel to deliver the sound more clearly.

b	As in the b in “bar”
p	As in the p in “pool”
m	As in the m in “moot”
f	As in the f in “fool”
d	As in the d in “doom”
t	As in the t in “tool”
n	As in the n in “nun”
l	As in the l in “lust”
g	As in the g in “gut”
k	As in the k in “kim”
h	As in the h in “hot”

j	As in the j in “jump”
q	As in the ch in “chill”
x	As in the sh in “shoe”
zh	Starts with the j in “jump” but ends with an r sound. Kind of like the jur in “jury”
ch	Starts with the ch in “chill” but ends with an r sound. Kind of like the chir in “chirp”
sh	Start with sh but ends with an r
r	As in the r in “red”
z	As in the z in “zero”
c	As in the ts in “roots”
s	As in the s in “sun”

Verbs and Pronouns

You and Me

The two basic pronouns in Mandarin are 你 (nǐ) meaning "you" and 我 (wǒ) meaning "me."

To say "he / she" use 他 and 她. Both are pronounced tā.

To say "they" or "them," add 们 (men) to arrive at 他们 or 她们 (tāmen).

This and That

- This – 这 (zhè)
- That – 那 (nà)

As in the English language, 这 (zhè) and 那 (nà) are often used to refer to or to introduce people, items, and ideas.

You can say "this is" / "that is"

- 这是 (Zhè shì) / 那是 (Nà shì)

You can also refer to other things using "this" and "that."

This is a book

- 这是一本书 (Zhè shì yī běn shū)

That is a bed

- 那是一张床 (Nà shì yī zhāng chuáng)

To want

The verb "to want" in Mandarin is 要 (yào). You can use the word in relation to tangible objects (money, laptops, beer) and intangible objects (time, quietness, love). The word also applies to actions (running, eating, buying).

I want to drink tea

我要茶 (wǒ yào chá)

I want to exercise

我要运动 (wǒ yào yùndòng)

They want to have dessert

他们要甜点 (tāmen yào tiándiǎn)

We want to sleep

我们要睡觉 (wǒmen yào shuìjiào)

I want to read

我要看书 (Wǒ yào kànshū)

I want to go home

我要回家 (Wǒ yào huí jiā)

To have

In Mandarin, the word for "to have" is 有 (yǒu), and the words for "do not have" are 没有 (méiyǒu).

没 (méi) is a negative prefix indicating have not or do not.

If you want to ask whether someone has something, you simply add 有没有 (yǒu méiyǒu) to an object. Translated directly this means, "to have or not have."

You can use 有 / 没有 (yǒu / méiyǒu) to talk about objects, concepts, and intangibles.

Do you have + object

有没有 + object (yǒu / méiyǒu + object)

Do you have time?

有没有时间 (yǒu méiyǒu shíjiān)

I have time

我时间 (wǒ **yǒu** shíjiān)

I do not have time

我**没有**时间 (wǒ méiy**ǒ**u shíjiān)

Do you have beer?

有没有啤酒 (yǒu méi yǒu pǐ jiǔ)

I have beer

我有啤酒 (wǒ yǒu pǐ jiǔ)

I do not have beer

我没有啤酒 (wǒ méi yǒu pǐ jiǔ)

The Idea of Possession

的 (de) is the particle meant to express possession or attribution. This is different from the verb 有 (yǒu), which means "to have."

What is possession? Well there are two ways to use 的 (de) to express possession.

The first is to make pronouns "possessive": ours, yours, and theirs. The second is to attribute adjectives to nouns: the house *that is* new, the car *that is* fast etc.

Possessive:

To create a possessive pronoun, take 的 (de) and add it to a pronoun. For example, the word "mine" is expressed as 我的 (wǒ de).

Term	Character Concept	Pinyin
Mine	我+的	Wǒ de
Ours	我们+的	Wǒmen de
Yours	你的	Nǐ de

Yours (plural)	你们的	Nǐmen de
His	他的	Tā de
Hers	她的	Tā de

Attribution:

To attribute an adjective to an object, you start off with an adjective, then add 的 (de) to an object.

So as a concept, to say the house that is new, you would say: New + 的 + House, or 新的房子 (Xīn de fángzi).

Phrase	Character Concept	Pinyin
The house that is new (or new house)	新 + 的房子	Xīn de fángzi
The car that is fast (or fast car)	快 + 的车	Kuài de chē
The book that is interesting (or interesting car)	有 + 趣的书	Yǒuqù de shū

Numbers

Start with the character for the number one: 一 (yī). That's one horizontal stroke.

Two horizontal strokes for the number two: 二 (èr)

Three horizontal strokes for the number three: 三 (sān)

The first three numbers in Pinyin can usually be handled quite easily. Of course the complexity gradually ramps up after that.

Number	Characters	Pinyin
0	零	Líng
1	一	Yī
2	二	Èr
3	三	Sān
4	四	Sì
5	五	Wǔ
6	六	Liù
7	七	Qī
8	八	Bā
9	九	Jiǔ
10	十	Shí
11	十一	Shí yī
12	十二	Shí èr
13	十三	Shí sān
14	十四	Shí sì
15	十五	Shí wǔ
16	十六	Shí liù
17	十七	Shí qī

18	十八	Shí bā
19	十九	Shí jiŭ
20	二十	Èr shí
21	二十一	Èr shí yī
22	二十二	Èr shí èr
23	二十三	Èr shí sān
24	二十四	Èr shí sì
25	二十五	Èr Shí wŭ
26	二十六	Èr Shí liù
27	二十七	Èr Shí qī
28	二十八	Èr Shí bā
29	二十九	Èr shí jiŭ
30	三十	Shí
40	四十	Sì shí
50	五十	Wŭ shí
60	六十	Liù shí
70	七十	Qī shí
80	八十	Bā shí
90	九十	Jiŭ shí
100	一百	Yībăi
101	一百零一	Yībăi líng yī

102	一百零二	Yībǎi ling er
103	一百零三	Yībǎi líng sān
104	一百零四	Yībǎi líng sì
105	一百零五	Yībǎi líng wǔ
110	一百一十	Yībǎi yī shí
111	一百一十一	Yībǎi yī shí yī
1,000	千	Qiān
10,000	万	Wàn

The numbering system in Mandarin is based on multiples of tens, hundreds, and thousands. Big numbers in Mandarin can be expressed by taking combinations of these multiples. As an example, 100,000 is expressed as "ten, ten thousand" (shí wàn). 1,000,000 is "hundred, ten thousand" (bǎi wàn).

Number	Concept	Characters	Pinyin
100,000	Ten-ten thousand	十万	Shí wàn
1,000,000	Hundred-ten thousand	百万	Bǎi wàn
10,000,000	Thousand-ten thousand	千万	Qiān wàn
100,000,000	Hundred-million	亿	Yì
1,000,000,000	Ten-hundred	十亿	Shí yì

	million		
10,000,000,000	Ten-hundred-hundred million	一百亿	Yībǎi yì

With these concepts in mind, you can start putting together larger numbers.

Take the number 60, which is expressed as "six-ten" (liù shí). 600 is "six-hundred" (liù bǎi). 6,000 is "six-thousand" (liù qiān). 60,000 is "six-ten-thousand" (liù wàn).

Number	Concept	Characters	Pinyin
6	Six	六	Liù
60	Six-ten	六十	Liù shí
600	Six-hundred	六百	Liù bǎi
6,000	Six-thousand	六千	Liù qiān
60,000	Six-ten thousand	六万	Liù wàn
600,000	Six-ten-ten thousand	六十万	Liù shí wàn
6,000,000	Six-hundred-ten thousand	六百万	Liù bǎi wàn
60,000,000	Six-thousand-ten thousand	六千万	Liù qiān wàn
600,000,000	Six-hundred	六亿	Liù yì

	million		
6,000,000,000	Six-ten-hundred million	六十亿	Liù shí yì

Fractions and percentages

Fractions

In English, fractions are usually read by saying the numerator followed by the denominator.

The number "5/6" is expressed as "five over six" in English.

In Mandarin, the order is flipped. The number "5/6" is expressed as"six parts of five." In Mandarin this is "六分之五" (liù fēn zhī wǔ)

And so the framework for expressing fractions is:

- Denominator + 分之 + Numerator

分之 (fēnzī) means "part of."

Fraction	Characters	Pinyin
5/6	六分之五	Liù fēn zhī wǔ
8/9	九分之八	Jiǔ fēn zhī bā
7/8	八分之七	Bā fēn zhī qī

For 1/2 it is fine to say 一半 (Yībàn), which means "one-half."

It is not correct to say "two parts of one" or "二分之一" (Èr fēn zhī yī)

Percentages

We use the same principles for fractions to express percentages.

A percentage is a number expressed as being part of 100, which means that the demonimator is 100 (百)

- 百 (Bǎi) + 分之 + Numerator

Percentage	Characters	Pinyin
10%	百分之十	Bǎi fēn zhī shí
25%	百分之二十五	Bǎi fēn zhī èrshíwǔ
100%	百分百	Bǎi fēn bǎi

Decimals

The Mandarin for decimal is 点 (diǎn).

Percentage	Characters	Pinyin
1.5	一点五	Yī diǎn wǔ
3.3	三点三	Sān diǎn sān
4.5	四点五	Sì diǎn wǔ

<u>Ordinal Numbers</u>

But what about ordering things? How would you say First, Second, Third? Add 第 (Dì) before a number. The character 第 is spoken with a fourth tone, so remember to read it with a sharp falling tone.

Order	Characters	Pinyin
First	第一	Dì yī

Second	第二	Dì èr
Third	第三	Dì sān
Tenth	第四	Dì sì
Sixteenth	第十六	Dì shíliù
Fiftieth	第五十	Dì wǔshí
Hundredth	第一百	Dì yībǎi

The Two Sides of Two

There are two words in Mandarin for the number 2.

The first is 二 (èr) which is used in ordinal situations, i.e. to describe ordering.

- *First, second, third (第一, 第二, 第三)*

The second is 两 (liǎng) which is used to count things.

- One apple, two apples, three apples *(一个苹果, 两个苹果, 三个苹果)*

As before, the difference lies in whether you are ordering things (use 二) or counting things (use 两).

<u>Counting</u>

Counting in Mandarin involves classifiers or "measure-words" as is commonly known. This is also a concept in the English language.

Consider the following phrases which contain classifiers or "counters":

- A piece of paper – "piece" is the classifier
- A bottle of water – "bottle" is the classifier
- A slice of pizza – "slice" is the classifier

Classifiers operate by linking a number with the item that you are counting. Think about it like this: classifier + object

个 gè

This is one of the most common classifiers in Mandarin Chinese. You can use 个 gè to count nearly anything, particularly if you do not know the correct classifier to use.

Remember, context is key: even if the classifier or measure word is not the most correct, your intended meaning will become clear based on the situation.

Phrase	Character Concept	Pinyin
One person	一个 + 人	Yī gè + rén
Two watermelons	两个 + 西瓜	Liǎng gè + xīguā
Three basketballs	三个 + 篮球	Sān gè + lánqiú

Notice in our examples above how 个 (gè) links the numbers 1, 2, 3 with the item being counted. We use the same idea when applying our classifiers to link numbers with objects together.

Other common classifiers include 张 (zhāng), 间 (jiān), 双 (shuāng), and 只 (zhī), which we will go through below.

张 zhāng

张 (zhāng) is used to count items that are flat: paper, tickets, beds, and so on

Phrase	Character Concept	Pinyin
One piece of paper	一张 + 纸	Yī zhāng + zhǐ
Two tickets	两张 + 票	Liǎng zhāng + piào
Three beds	三张 + 床	Sān zhāng + chuáng

间 jiān

You can use 间 (jiān) to describe rooms – bedrooms, guest rooms, and meeting rooms, for example

Phrase	Character Concept	Pinyin
One room	一间 + 房	Yī jiàn + fáng
One bedroom	一间 + 卧室	Yī jiàn + wòshì
Two guest rooms	两间 + 客房	Liǎng jiān + kèfáng
Three meeting rooms	三间 + 会议室	Sān jiān + huìyì shì

双 shuāng

Whenever items come in pairs, the word 双 (shuāng) is used as the classifier. 双 means “dual” or “double.”

Phrase	Character Concept	Pinyin

One pair of shoes	一双 + 鞋	Yī shuāng + xié
Two pairs of chopsticks	两双 + 筷子	Liǎng shuāng + kuàizi
Three pairs of socks	三双 + 袜子	Sān shuāng + wàzi

只 zhī

Animals are counted using 只 (zhī)

Phrase	Character Concept	Pinyin
One cat	一只 + 猫	Yī zhǐ + māo
Two dogs	两只 + 狗	Liǎng zhī + gǒu
Three spiders	三只 + 蜘蛛	Sān zhī + zhīzhū

Mandarin Chinese makes use of numerous classifiers to the point that it's not practical for a beginner to learn or make use of them all.

Have no fear. When in doubt, simply use 个 which roughly (though effectively) covers most situations you'll encounter.

For fun, here are a few other classifiers that you may find useful.

Classifier	Characters	Objects
Heavy items	台 (tái)	Televisions (电视机) computers (电脑)

Long and narrow items	条 (tiáo)	Roads (路), rivers (河), noodles (面)
Used to count book volumes	本 (běn)	Books (书)
Used to count projects, statutes, statements	项 (xiàng)	Statutes (法令), declarations (声明)
Items with handles and are long	把 (bǎ)	Keys (剑), guitar (吉他), knives (刀)
A set or series of items	套 (tào)	Books (书), clothes (衣服), meals (餐)

Dates and Times

Dates

There are three words in Mandarin used in expressing dates:

- Day 号 (hào)
- Month 月 (yuè)
- Year 年 (nián)

Months in a year can be expressed by simply tagging a number (representing a month) to 月 (yuè), which means "month."

So as an example, for June take 六 and add 月, because June is the sixth month in the year.

Month	Characters	Pinyin
January	一月	yī yuè
February	二月	èr yuè
March	三月	sān yuè

April	四月	sì yuè
May	五月	wǔ yuè
June	六月	liù yuè
July	七月	qī yuè
August	八月	bā yuè
September	九月	jiǔ yuè
October	十月	shí yuè
November	十一月	shí yī yuè
December	十二月	shí èr yuè

To express the 12th of June, you take 六月 and add it to 十二号.

If you want to express the year as well, include the year at the beginning of the date.

In Mandarin, the proper structure is Year (年) + Month (月) + Date (号)

Examples:

- January 1, 2020: 二零二零 年, 一月, 一号
- December 25, 2019: 二零一九年, 十二月, 二十五号
- February 14, 2010: 二零一零年, 二月, 十四号

For an additional layer of descriptiveness, include dates of the week in your sentences.

Simply add 星期 (xīng qī) to a number to arrive at the day of the week.

As an example, to say Wednesday, start with 星期 (xīng qī) and add 三 (sān) since Wednesday is the third day of the week.

Month	Characters	Pinyin
Monday	星期一	Xīngqīyī
Tuesday	星期二	Xīngqīèr
Wednesday	星期三	Xīngqīsān
Thursday	星期四	Xīngqīsì
Friday	星期五	Xīngqīwǔ
Saturday	星期六	Xīngqīliù
Sunday	星期天	Xīngqītiān

<u>Key phrases</u>

What is today's date

今天是几月几号？(Jīntiān shì jǐ yuè jǐ hào?)

Which day of the month is it?

几号(Jǐ hào)

Today is December 24

今天是十二月二十四号 (Jīntiān shì shí'èr yuè èrshísì hào)

Time

The basic structure for telling time to the hour is: Number + 点

点 (diǎn) refers to the hour, or the *o'clock* when you say "7 o'clock."

Using this structure, we can express the following:

Time	Characters	Pinyin
1:00 (One o'clock)	一点	Yī diǎn
2:00 (Two o'clock)	两点	Liǎng diǎn
5:00 (Five o'clock)	五点	Wǔ diǎn
12:00 (Twelve o'clock)	十二点	Shí èr diǎn

To tell minutes, add the word 分 (fēn) to a number. This means that 2:50 can be expressed as: 两点五十分 (liǎng diǎn wǔshí fēn).

Time	Characters	Pinyin
1:22	一点二十二分	Yī diǎn èrshí'èr fēn
2:37	两点三十七分	Liǎng diǎn sānshíqī fēn
5:45	五点四十五分	Wǔ diǎn sìshíwǔ fēn
12:36	十二点三十六分	Shí èr diǎn sānshíliù fēn

Mandarin Chinese also has expressions to refer to different points within the day.

- 早上 (zǎo shàng) – morning
- 下午 (xiàwǔ) – afternoon
- 中午 (zhōng wǔ) – noon
- 晚上 (wǎn shàng) – evening
- 凌晨 (língchén) – to refer to the middle of the night (as a rule of thumb, anytime between after 12:00am and before 6:00am)

Time	Characters	Pinyin
1:22am	凌晨 一点二十二分	Língchén yī diǎn èrshí'èr fēn
2:37pm	下午 两点三十七分	Xià wǔ liǎng diǎn sānshíqī fēn
12:00pm	中午十二点	Zhōng wǔ shí èr diǎn
5:45pm	晚上 五点四十五分	Wǎn shàng wǔ diǎn sìshíwǔ fēn
12:36am	凌晨 十二点三十六分	Língchén shí èr diǎn Sānshíliù fēn
8:00am	早上八点	Zǎo shàng bā diǎn

Two more words to add to our vocabulary of time-related words.

In Mandarin, we write 半 (bàn) to mean "half-past" and 一刻 (yī kè) to mean "quarter-past."

Quick examples:

- 五点半 (wǔ diǎn bàn) – 5:30
- 五点一刻 (wǔ diǎn yī kè) – 5:15

Key phrases

What time is it?

几点了 (Jǐ diǎnle)

What time is it now?

现在几点了 (Xiànzài jǐ diǎnle)

What time do we start?

几点开始? (Jǐ diǎn kāishǐ)

What time is the meeting?

几点开会 (Jǐ diǎn kāihuì)

What time do we leave?

几点出发 (Jǐ diǎn chūfā)

What time do we conclude?

几点结束 (Jǐ diǎn jiéshù)

We take a break at 4.

我们四点休息 (wǒ mén sì diǎn xīu xī)

An Invitation

Like out content? Give us a review!

Inman Learning curates premium content related to business, law, society, and beyond.

Our books equip readers with the knowledge and insights they need to make decisions, drive insights, and to thrive in an ever-changing global landscape.

We teach, motivate, and inspire others into creative thought and action.

Connect with us. Share with us. Learn with us.

Inman Learning is committed to its readers.

We connect people with the right words.

Part IV – Glossary of Legal Terms

English	Characters	Pinyin
"A" Shares	A 股	A gǔ
"B" Shares	B 股	B gǔ
"H" Shares	H 股	H gǔ
Acquisition	收购	Shōugòu
Act	法令/行为	Fǎlìng/Xingwéi
Actus Reus	犯罪行为	Fànzuì xíngwéi
Ad valorem stamp duty	从价印花税	Cóng jià yìnhuāshuì
Adverse opinion	否定意见	Fǒudìng yìjiàn
Affiliated company	联属公司	Liánzhǔ gōngsī
Annual report	年报	Niánbào
Appeal	上诉	Shàngsù
Appellate court	上诉法庭	Shàngsù fǎtíng
Arbitration	仲裁	Zhòngcái

Arm's length transaction	公正交易	Gōngzhèng jiāoyì
Arrest	逮捕	Dàibǔ
Articles of Association	公司章程	Gōngsī zhāngchéng
Asset	资产	Zīchǎn
Authorised representative	授权代表	Shòuquán dàibiǎo
Authorization	授权	Shòuquán
Backdoor listing	借壳上市	Jièké shàngshì
Bail	保释	Bǎoshì
Banking and Finance	金融财务	Jīnróng cáiwù
Bankrupt	破产	Pòchǎn
Bar Association	律师协会	Lǜshī xiéhuì
Beneficial interest	实益权益	Shíyì quányì
Beneficial owner	实益拥有人	Shíyì yǒngyǒu rén
Beneficiary	受益人	Shòuyì rén
Bias	偏见	Piānjiàn

Bill (in a legislature)	议案	Yì'àn
Board of Directors	董事会	Dǒngshìhuì
Breach (of a contract)	违约	Wéiyuē
Burden of proof	举证责任	Jǔzhèng zérèn
Business Day	营业日	Yíngyè rì
Business license	营业执照	Yíngyè zhízhào
Business Secret	商业秘密	Shāngyè mìmì
Business Trust	商业信托	Shāngyè xìntuō
Capital gains tax	资本增值税	Zīběn zēngzhí shuì
Causation	造事原因/因果关系	Zào shì yuányīn/yīnguǒ guānxì
Cease and desist order	终止及停止令	Zhōngzhǐ jí tíngzhǐ lìng
Certified	被证明的	Bèi zhèngmíng de
China Bar Association	中华律师协会	Zhōnghuá lǜshī xiéhuì
Chinese Wall	职能分管制度	Zhínéng fēnguǎn zhìdù
Circumstantial evidence	间接证据	Jiànjiē zhèngjù

Civil Law	大陆法	Dàlù fǎ
Claim	要求权	Yāoqiú quán
Class action lawsuit	集体诉讼	Jítǐ sùsòng
Codes (of law)	法典	Fǎdiǎn
Collateral	抵押品	Dǐyā pǐn
Comfort letter	信心保证书	Xìnxīn bǎozhèngshū
Common law	普通法	Pǔtōng fǎ
Company limited by shares	股份有限公司	Gǔfèn yǒuxiàn gōngsī
Compensation (for damages)	赔偿	Péicháng
Confidentiality	保密性	Bǎomì xìng
Conflict of interest	利益冲突	Lìyì chōngtú
Contract	合同	Hétóng
Contract law	合同法	Hétóng fǎ
Controlling shareholder	控股股东	Kònggǔ gǔdōng
Copyright infringement	侵犯著作权	Qīnfàn zhùzuòquán

Corporate Services	公司服务范围	Gōngsī fúwù fànwéi
Corporation	有限公司	Yǒuxiàn gōngsī
Counterparty	交易对手	Jiāoyì duìshǒu
Court	法庭/法院	Fǎtíng/fǎyuàn
Creditor	债权人	Zhàiquánrén
Creditor	债权人	Zhàiquánrén
Crime	罪行	Zuìxíng
Criminal code	刑事法典	Xíngshì fǎdiǎn
Damages	损失	Sǔnshī
De facto (in fact)	事实上	Shìshí shàng
De jure (in law)	法理上	Fǎlǐ shàng
Debenture	债券	Zhàiquàn
Defamation	诽谤	Fěibàng
De-listing	退市	Tuì shì
Deny (a charge)	否认	Fǒurèn

Deposition	宣誓证词	Xuānshì zhèngcí
Direct examination	直接询问	Zhíjiē xúnwèn
Disciplinary procedures	纪律程序	Jìlǜ chéngxù
Disclaimer	免责声明	Miǎnzé shēngmíng
Disclosure	披露	Pīlù
Disclosure of interest	披露权益	Pīlù quányì
Dividend	股息	Gǔxí
Evidence	证据/证词/证人/证物	Zhèngjù/zhèngcí/zhèngrén/zhèng wù
Expert witness	专家证人	Zhuānjiā zhèngrén
Eyewitness	目击证人	Mùjí zhèngrén
For the record	记录在案	Jìlù zài àn
Found to be liable	判定有责任	Pàndìng yǒu zérèn
Full disclosure	全面披露	Quánmiàn pīlù
Fungible	可以互换或对销	Kěyǐ hù huàn huò duì xiāo
General offer	全面收购建议	Quánmiàn shōugòu jiànyì

Good faith	善意	Shànyì
Goodwill	商誉	Shāng yù
Grounds / principle	理由	Lǐyóu
Group tax relief	集团亏损税务宽免	Jítuán kuīsǔn shuìwù kuān miǎn
Guarantor	担保人/保证人	Dānbǎo rén/bǎozhèngrén
Guidance letter	指引信	Zhǐyǐn xìn
Hearsay	传闻	Chuánwén
Holding company	控股公司	Kònggǔ gōngsī
Illegal Act / Unlawful Act / Illicit Act	非法/违法/不法行为	Fēifǎ/wéifǎ/bùfǎ xíngwéi
Immunity	豁免权	Huòmiǎn quán
Indemnity	赔款	Péikuǎn
Indirect evidence	间接证据	Jiànjiē zhèngjù
Inference	推定	Tuīdìng
Injunction	禁令	Jìnlìng
Insolvency	无力偿债	Wúlì cháng zhài

Insolvency risk	偿债能力风险	Cháng zhài nénglì fēngxiǎn
Instrument of transfer	过户文件	Guòhù wénjiàn
Insurance	保险	Bǎoxiǎn
Investigation	调查	Diàochá
Joint Venture	合资	Hézī
Judgment	判决	Pànjué
Judicial	司法的	Sīfǎ de
Judicial interpretation	司法解释	Sīfǎ jiěshì
Jurisdiction	管辖权	Guǎnxiá quán
Jurisprudence	法理家	Fǎlǐ jiā
Juror	陪审员	Péishěn yuán
Jury	陪审团	Péishěn tuán
Law	法规/法例	Fǎguī/fǎlì
Law firm	律师事务所	Lǜshī shìwù suǒ
Law school	法学院	Fǎ xuéyuàn

Lawyer	律师	Lǜshī
Legal damages	损害赔偿金	Sǔnhài péicháng jīn
Legal system	法律体制	Fǎlǜ tǐzhì
Liability	责任	Zérèn
Libel	文字诽谤	Wénzì fěibàng
License	特许	Tèxǔ
Lien	留置权	Liúzhì quán
Limited liability company	有限责任公司	Yǒuxiàn zérèn gōngsī
Listed Company	上市公司	Shàngshì gōngsī
Litigation	诉讼	Sùsòng
Material facts	重要事实	Zhòngyào shìshí
Mediation	调解	Tiáojiě
Memorandum of Association	组织章程大纲	Zǔzhī zhāngchéng dàgāng
Mens rea	犯罪意图	Fànzuì yìtú
Merger	合并	Hébìng

Mergers and acquisitions	合并与收购	Hébìng yú shōugòu
Minimum standard	最低标准	Zuìdī biāozhǔn
Minority controller	次要控制人	Cì yào kòngzhì rén
Minority interest	少数股东权益	Shǎoshù gǔdōng quányì
Minority shareholder	少数股东	Shǎoshù gǔdōng
Misconduct	不法行为	Bùfǎ xíngwéi
Misrepresentation	虚假陈述	Xūjiǎ chénshù
Mitigating circumstances	减罪细节	Jiǎn zuì xìjié
Mitigating factors	减罪因素	Jiǎn zuì yīnsù
Moratorium	股份禁售期	Gǔfèn jìn shòu qī
Negative pledge	不抵押保证	Bù dǐyā bǎozhèng
Negligence	过失	Guòshī
Net asset value	资产净值	Zīchǎn jìngzhí
Novated contract	责务变更合约	Zé wù biàngēng héyuē
Novation	责务变更	Zé wù biàngēng

Null and void	无效	Wúxiào
Nullify	取消	Qǔxiāo
Parent company	母公司	Mǔ gōngsī
Partnership	合伙	Héhuǒ
Patent infringement	侵犯专利权	Qīnfàn zhuānlì quán
Plaintiff	原告	Yuángào
Power of Attorney	授权书	Shòuquán shū
Precedent	判例	Pànlì
Preponderance of the evidence	证据的优势	Zhèngjù de yōushì
Presumption of fact	事实推定	Shìshí tuīdìng
Presumption of innocence	无罪推定	Wú zuì tuīdìng
Presumption of law	法律推定	Fǎlǜ tuīdìng
Prima facie evidence	表面证据	Biǎomiàn zhèngjù
Profit	营利	Yínglì
Prosecutor	检控官	Jiǎnkòng guān

Public censure	公开谴责	Gōngkāi qiǎnzé
Qualified opinion	保留意见	Bǎoliú yìjiàn
Real estate	不动产	Bùdòngchǎn
Registered trademark	注册商标	Zhùcè shāngbiāo
RegTech	监管科技	Jiānguǎn kējì
Regulate	调整	Tiáozhěng
Regulation	规章/监管	Guīzhāng/Jiānguǎn
Regulatory oversight	监管监察	Jiānguǎn jiānchá
Related company	关联公司	Guānlián gōngsī
Related party	关联者	Guānlián zhě
Related party transaction	关联方交易	Guānlián fāng jiāoyì
Rule of law	法治	Fǎzhì
Scheme of arrangement	协议计划	Xiéyì jìhuà
Security	保证金	Bǎozhèngjīn
Share Scheme	股份计划	Gǔfèn jìhuà

Sinking fund	偿债基金	Cháng zhài jījīn
Sole proprietorship	个人独资企业	Gèrén dúzī qǐyè
Stakeholder	利益相关者	Lìyì xiāngguān zhě
Stamp duty	印花税	Yìnhuāshuì
Status quo	现状	Xiànzhuàng
Statute of limitation	时效法规	Shíxiào fǎguī
Statutory declaration	宣誓声明	Xuānshì shēngmíng
Subpoena	证人传票	Zhèngrén chuánpiào
Supreme People's Court	最高人民法院	Zuìgāo rénmín fǎyuàn
Tax advantage	有利税率	Yǒulì shuìlǜ
Tax break	税项减免	Shuì xiàng jiǎnmiǎn
Tax evasion	逃税	Táoshuì
Taxation	税款	Shuì kuǎn
Terms (of an agreement)	条件	Tiáojiàn
Terms of loan	贷款条件	Dàikuǎn tiáojiàn

Terms of payment	付款条件	Fùkuǎn tiáojiàn
To establish (a company, a business, an office)	设立	Shèlì
To legislate	通过 法律	Tōngguò fǎlǜ
To review	复审	Fùshěn
To sue	控诉	Kòngsù
Tort	民事侵权行为	Mínshì qīnquán xíngwéi
Trademark	商标	Shāngbiāo
Transfer deed	转手纸	Zhuǎn shǒuzhǐ
Trial	审讯	Shěnxùn
Trustee	受托人	Shòutuō rén
Ulterior motive	别有用心	Biéyǒuyòngxīn
Ultimate beneficial holder	最终实益持有人	Zuìzhōng shíyì chí yǒu rén
Ultimate beneficiary	最终受益人	Zuìzhōng shòuyì rén
Under oath	宣过誓	Xuānguò shì
Unfair competition	不正当竞争	Bù zhèngdàng jìngzhēng

Value added tax	增值税	Zēngzhí shuì
Verbal agreement	口头协议	Kǒutóu xiéyì
Verdict	判决	Pànjué
Verification notes	核证附注	Hé zhèng fùzhù
Vested rights	既定权利	Jìdìng quánlì
Vetting	审阅	Shěnyuè
Waive rights	放弃权利	Fàngqì quánlì
Warrant for arrest	逮捕证	Dàibǔ zhèng
Whistleblowing policy	举报政策	Jǔbào zhèngcè
Without prejudice	无偏见	Wú piānjiàn
Witness	证人	Zhèngrén